PRINCE2™ ÉDITION 2009 - GUIDE DE POCHE

Other publications by Van Haren Publishing

Van Haren Publishing (VHP) specializes in titles on Best Practices, methods and standards within four domains:
- IT management
- Architecture (Enterprise and IT)
- Business management and
- Project management

VHP is also publisher on behalf of leading companies and institutions:
The Open Group, IPMA-NL, PMI-NL, CA, Getronics, Quint, ITSqc, LLC, The Sox Institute and ASL BiSL Foundation

Topics are (per domain):

IT (Service) Management / IT Governance	Architecture (Enterprise and IT)	Project/Programme/ Risk Management
ASL	Archimate®	A4-Projectmanagement
BiSL	GEA®	ICB / NCB
CATS	TOGAF™	MINCE®
CMMI		M_o_R®
CobiT	**Business Management**	MSP™
ISO 17799	EFQM	*PMBOK® Guide*
ISO 27001	eSCM	PRINCE2™
ISO 27002	ISA-95	
ISO/IEC 20000	ISO 9000	
ISPL	ISO 9001:2000	
IT Service CMM	OPBOK	
ITIL® V3	SixSigma	
ITSM	SOX	
MOF	SqEME®	
MSF	eSCM	
ABC of ICT		
SABSA		

For the latest information on VHP publications, visit our website: www.vanharen.net.

PRINCE2™ Édition 2009
Guide de Poche

Bert Hedeman
Ron Seegers

Colophon

Titre :	PRINCE2™ Édition 2009 – Guide de Poche
Série :	Best Practice
Auteurs:	Bert Hedeman, Ron Seegers
Traduction en Francais:	Robert Such, John Soulayrac
Relecteurs Version Française :	Sylvain Bellengier (Ministère du Budget, des Comptes publics et de la Réforme de l'Etat - Direction Générale de la Modernisation de l'Etat)
	Jacqueline Lautmann
	Peter Postema (Global Project Performance)
	John Soulayrac (Global Project Performance)
	Jass Stacpoole (Global Project Performance)
	Robert Such - Relecteur principal
	Benjamin Tellier (DGME - Service Projet Département Projets d'Administration Electronique)
Rédacteur :	Romain Hennion de Thyses
Éditeur :	Van Haren Publishing, Zaltbommel, www.vanharen.net
ISBN:	978 90 8753 607 7
Impression :	Première édition, première impression, Juillet 2010
Layout and type setting:	CO2 Premedia, Amersfoort – NL
Copyright :	© Van Haren Publishing 2009, 2010

© Crown copyright 2009 Reproduced under licence from OGC: Figures 1.1, 1.2, 1.3, 6.1, 7.1, 7.2, 7.3, 8.1, 9.1, 9.2, 9.3, 10.1, 10.2, 11.1, 12.1, 13.1, 16.1, 18.1 and Tables 6.1, 21.1, 21.3, 21.4, C1
ITIL® is a Registered Trade Mark of the Office of Government Commerce in the United Kingdom and other countries.
PRINCE2™ is a Registered Trade Mark of the Office of Government Commerce in the United Kingdom and other countries.
MSP™ is a Trade Mark of the Office of Government Commerce.
M_o_R® is a Registered Trade Mark of the Office of Government Commerce in the United Kingdom and other countries.
P3O® is a Registered Trade Mark of the Office of Government Commerce.
P3M3™ is a Trade Mark of the Office of Government Commerce.
The PRINCE2 licensed product Trade Mark is a Trade Mark of the Office of Government Commerce.
The PRINCE2 endorsement logo ™ is a Trade Mark of the Office of Government Commerce
The Swirl logo™ is a Trade Mark of the Office of Government Commerce

For any further enquiries about Van Haren Publishing, please send an e-mail to: info@vanharen.net
Although this publication has been composed with most care, neither Author nor Editor nor Publisher can accept any liability for damage caused by possible errors and/or incompleteness in this publication.

No part of this publication may be reproduced in any form by print, photo print, microfilm or any other means without written permission by the Publisher.

Préface

Cher lecteur,

PRINCE2 bénéficie d'un intérêt toujours croissant de la part des professionnels en gestion de projet et des organisations parties prenantes de projets dans le monde entier, et remporte un grand succès auprès des acteurs des secteurs privé et public.

Les principales raisons de ce succès de PRINCE2 sont que :
1. La performance des projets devient cruciale pour une rentabilité soutenue et pour le succès des organisations publiques comme privées.
2. PRINCE2 est le seul référentiel méthodologique en management de projet qui permette aux organisations de travailler efficacement ensemble et d'avoir un langage commun pour une communication cohérente tout au long des projets.
3. PRINCE2 peut facilement être intégré dans le Système Qualité des organisations afin de gérer efficacement les projets et de retirer les leçons des expériences.
4. PRINCE2 offre la possibilité aux intervenants des projets d'obtenir des certifications aux niveaux Fondamental - et Praticien, qui sont appréciées à l'échelle internationale.
5. PRINCE2 est compatible avec les techniques et méthodes spécialisées dans tous les secteurs de l'industrie et des services.

Depuis l'adoption de PRINCE2 par la Direction Générale de la Modernisation de l'Etat, PRINCE2 a pris son envol en France. Des Organismes de Formation Agréés (ATO) vous offrent en français, des cours certifiés délivrés par des formateurs PRINCE2 accrédités pour la langue française, à l'aide de supports de cours en français et du manuel officiel PRINCE2 en français. Le Groupe APM a ouvert des bureaux en France et un groupe d'utilisateurs PRINCE2 s'est créé.

Pour les entreprises françaises, PRINCE2 pourrait être considéré comme le «chaînon manquant » reliant les différents composants qu'elles utilisent dans la gestion de leurs projets, et être ainsi une étape complémentaire dans l'évolution de leurs capacités pour entreprendre de nouveaux. PRINCE2 est entièrement compatible avec les bonnes pratiques du PMI et de l'IPMA ainsi que d'autres techniques spécialisées et permet ainsi à votre organisation de se construire sur ses expériences et ses succès passés.

Je tiens à remercier toute l'équipe qui a donné de son temps et travaillé d'arrache pied pour achever la traduction et la révision de ce Guide de Poche PRINCE2, futur best-seller international de gestion, pour le marché français.

J'espère que cet ouvrage vous sera de bonne compagnie à travers les défis de vos projets et qu'il vous à aidera à développer les capacités de gestion de projet de vos organisations et de vos équipes.

Cordialement,

Drs. Peter Postema
Global Project Performance
Directeur & Formateur Principal PRINCE2

Réferences

Il y a de nombreuses méthodes de management de projets, mais peu d'entre elles sont susceptibles de surmonter la crise de l'innovation de produits et la crise du logiciel. Dans la plupart des projets, délais sont dépassés, les budgets explosent et les produits ne correspondent pas aux attentes des clients. Le mérite de PRINCE2 est de tenir compte de cette crise des méthodes et de partir de sains principes d'écoute du client et de concurrent engineering. Dans ce pocket guide, vous retrouverez tout l'héritage des meilleures pratiques du Rapid Application Development comme du prototypage, de l'early manufacturing involvement comme du time boxing, tout en tenant compte des dimensions humaines qui ont fait le succès des entreprises les plus performantes au monde.
Emmanuel Monod, directeur du *Master of International Business*, Université Paris-Dauphine

PRINCE2 est une excellente méthode de management de projets qui s'applique dans tous les environnements, aussi bien dans le secteur privé que dans les administrations publiques. J'encourage tous les acteurs et tous les décideurs à tirer le meilleur parti de cette méthode, qu'ils soient maîtres d'ouvrage, maîtres d'œuvre ou fournisseurs des entreprises et des administrations. Ce Guide de Poche en présente une synthèse fidèle et très intéressante, en complément du manuel PRINCE2 officiel, ce qui permet de mettre cet outil à la portée de tous et de contribuer à la plus large diffusion de ces meilleures pratiques. Bonne lecture !
Jean-Baptiste Avrillier (Former) Head of Project Management Office - Directorate General for State Modernisation at Minister of Budget, Public Accounts and State Reform

Ce guide de poche fournit des instructions complètes et concises à toute personne impliquée dans des projets et désireuse d'utiliser la méthodologie PRINCE2. Si vous envisagez d'adopter PRINCE2 dans votre organisation, si vous êtes un gestionnaire de projet chevronné ou membre d'un Conseil de projet, ce guide de poche vous aidera à démarrer et assimiler l'essentiel de PRINCE2 très rapidement. Que vous souhaitiez réorganiser une usine, préparer un transfert de bureau, mettre en œuvre un nouveau système ERP ou lancer un nouveau produit : PRINCE2 est la méthode idéale pour appuyer les initiatives de votre organisation. PRINCE2 est parfaitement compatible les différentes techniques et méthodes spécifiques de tous les domaines d'activité ; telles que par exemple Lean Six Sigma. Je recommande vivement ce guide de poche à toute organisation souhaitant améliorer les KPIs (Indicateurs Clés de Performance – ICP) de ses projets ; ainsi qu'aux les établissements de formation comme outil de formation intégré.
Cordialement,
Gerbren Kuiper – Responsable de Programme – Hunter Douglas Europe.

PRINCE2 nous donne des clefs pour améliorer le pilotage de nos projets. Il s'adresse à la fois aux collaborateurs qui participent aux comités de décision et aux chefs de projets qui pilotent au quotidien. Pour les premiers, PRINCE2 nous a fait fortement progresser, proposant à chacun des principes de responsabilités qui donnent un sens précis à leur présence au sein des rituels, ou des principes de délégation et de contrôle du pilotage opérationnel. Pour les seconds, l'adoption a été très forte. Chacun peut activer la bonne pratique comme la technique de planification basée sur les produits ou la gestion des risques pour mieux maitriser le futur en fonction de l'avancement du projet. Ce sont des pratiques & outils simples et cohérents dont nous poursuivons à suivre l'utilisation grâce à des revues « PRINCE2 » auprès des chefs de projet, moments de partage et d'alignement de nos pratiques.
Jean-Marc Tinturier - Responsable des systèmes d'information du pole Amont - Aubert & Duval

Table des matières

1	**Introduction**	**1**
1.1	But de ce Guide	1
1.2	Qu'est-ce qu'un Projet ?	1
1.3	Pourquoi les Projets sont-ils importants ?	2
1.4	Qu'est-ce qui fait qu'un projet est différent du travail courant ?	3
1.5	En quoi consiste le management de projet ?	4
1.6	Que fait un Chef de Projet ?	4
1.7	Que souhaitent contrôler les parties concernée ?	5
2	**Introduction à PRINCE2**	**7**
2.1	Structure de PRINCE2	8
2.2	Recommandations de l'OGC	9
2.3	Ce que PRINCE2 ne fournit pas	10
2.4	Bénéfices à retirer de PRINCE2	11
2.5	Comment utiliser ce Guide de Poche ?	12
3	**Différences entre les versions PRINCE2 2009 et 2005**	**13**
3.1	Principaux changements	13
3.2	Les changements apportés au Manuel	14
3.3	Détail des changements	14
4	**Principes**	**17**
5	**Introduction aux Thèmes de PRINCE2**	**21**
6	**Cas d'Affaire**	**23**
6.1	But	23
6.2	Définition du Cas d'Affaire	23
6.3	L'approche PRINCE2 du Cas d'Affaire	24
6.4	Le contenu d'un Cas d'Affaire	26
6.5	Responsabilités dans le Thème Cas d'Affaire	28
7	**Organisation**	**29**
7.1	But	29
7.2	Définir l'Organisation	29
7.3	Niveaux d'organisation	30

7.4	L'Équipe de Projet	32
7.5	Stratégie de Communication	35

8 Qualité — 37
8.1	But	37
8.2	Définition de la Qualité	37
8.3	Management de la Qualité	38
8.4	L'approche Qualité de PRINCE2	40
8.5	Responsabilités dans le thème Qualité	42

9 Plans — 43
9.1	But	43
9.2	Définition des Plans	43
9.3	L'approche PRINCE2 en matière de Plans	45
9.4	Technique de Planification basée sur le Produit	46
9.5	Les responsabilités dans le thème Plans	50

10 Les Risques — 51
10.1	But	51
10.2	Définition des risques	51
10.3	La Stratégie des Risques	52
10.4	Registre des Risques	52
10.5	Procédures de gestion des Risques	53
10.6	Responsabilités dans le thème Risques	57

11 Changements — 59
11.1	But	59
11.2	Définition du Changement	59
11.3	L'approche PRINCE2 du Changement	60
11.4	Procédure de Gestion de Configuration	62
11.5	Procédure de contrôle des Incidences et de maîtrise des Changements	63
11.6	Responsabilités dans le thème Changements	66

12 Progression — 67
12.1	But	67
12.2	Définition de la Progression	67
12.3	Le Management par Exception	68
12.4	L'approche PRINCE2 de la Progression	68
12.5	La délégation de l'autorité	68
12.6	Séquences de Management	70

12.7	Contrôles réactifs ou périodiques	72
12.9	Responsabilités dans le thème Progression	75

13 Introduction aux processus PRINCE2 — 77

14 Élaborer le Projet — 81
- 14.1 But — 81
- 14.2 Objectif — 82
- 14.3 Contexte — 82
- 14.4 Activités et actions préconisées — 82

15 Diriger le Projet — 87
- 15.1 But — 87
- 15.2 Objectif — 87
- 15.3 Contexte — 88
- 15.4 Activités et actions préconisées — 88

16 Initialiser le Projet — 91
- 16.1 But — 91
- 16.2 Objectif — 91
- 16.3 Contexte — 92
- 16.4 Activités et actions préconisées — 92

17 Contrôler une Séquence — 97
- 17.1 But — 97
- 17.2 Objectif — 97
- 17.3 Contexte — 98
- 17.4 Activités et actions préconisées — 98

18 Gérer la Livraison des Produits — 103
- 18.1 But — 103
- 18.2 Objectif — 103
- 18.3 Contexte — 104
- 18.4 Activités et actions préconisées — 104

19 Gérer une limite de séquence — 107
- 19.1 But — 107
- 19.2 Objectif — 108
- 19.3 Contexte — 108
- 19.4 Activités et actions préconisées — 108

20	**Clore le projet**	**113**
20.1	But	113
20.2	Objectif	114
20.3	Contexte	114
20.4	Activités et actions préconisées	115
21	**Adaptation de PRINCE2**	**119**
21.1	Qu'est-ce que l'adaptation ?	119
21.2	Approche générale de l'adaptation	120
21.3	Exemples d'adaptations	121
21.4	Projets situés dans le cadre d'un programme	121
21.5	Ampleur du projet	124
21.6	Environnement commercial client/fournisseur	127
21.7	Projets multi-organisations	129
21.8	Type de Projet	129
21.9	Différences de secteur	131
21.10	Blocs de connaissances	131

Annexe A	**Modèles de Description de Produit**	**133**
Annexe B	**Rôles et responsabilités**	**153**
Annexe C	**Exemple de planification basée sur le Produit**	**161**
Annexe D	**Glossaire**	**165**
Annexe E	**Gouvernance**	**177**
Annexe F	**Organismes**	**179**
Annexe G	**Références**	**181**

Chapitre 1
Introduction

PRINCE2 est une méthodologie globale de management qui se focalise sur les aspects "management" des projets. PRINCE2 a été lancé en 1996 par le CCTA. Depuis plusieurs versions ont été produites. La dernière a été publiée en juin 2009.

PRINCE2 est désormais une marque déposée du Ministère du Commerce (OGC) au Royaume Uni et dans les autres pays. L'APM Group (APMG) a été autorisé à organiser la certification des organisations, entreprises et personnes travaillant en relation avec des projets, programmes ou risques sur la base de méthodes développées par le Gouvernement Britannique. Cette certification est supervisée par le siège social de la Compagnie au Royaume Uni tandis que les activités opérationnelles sont dispensées par des bureaux auxiliaires d'APMG.

1.1   But de ce Guide

Ce guide de poche fournit un résumé de la méthode PRINCE2, proposant une introduction rapide ainsi qu'une vue d'ensemble structurée de la méthode et pouvant servir de référence à ceux qui ont étudié la méthode dans le passé et désormais désireux de l'employer dans la gestion de leurs projets au quotidien.

1.2   Qu'est-ce qu'un Projet ?

Un projet est un ensemble d'activités liées entre elles au sein d'une organisation provisoire destiné à fournir, selon des conditions définies, un ou plusieurs produits ou services prédéfinis.

Dans le contexte de la méthodologie PRINCE2, un projet est défini comme :

> Une organisation temporaire, créée en vue de livrer un ou plusieurs produits d'entreprise conformément à un Cas d'Affaire convenu.

1.3 Pourquoi les Projets sont-ils importants ?

Les projets sont généralement menés dans des circonstances où les conditions normales d'exécution des affaires courantes sont inopérantes. Ceci survient en particulier lorsque le métier et les affaires évoluent et doivent se transformer pour répondre à de nouvelles exigences afin de survivre ou d'être plus compétitifs dans le futur.

L'organisation temporaire des projets permet de réunir tous les participants afin de livrer les produits ou les services attendus. La structuration et les processus amenés par une méthodologie de gestion de projets renforcent la cohésion et les engagements quant aux produits et services à fournir. Pour cette raison, les projets sont un important moyen d'accompagnement du changement.

Les changements dans les affaires deviennent de plus en plus importants dans le secteur public et lors des opérations commerciales et les projets deviennent de nos jours de plus en plus cruciaux dans la vie professionnelle.

1.4 Qu'est-ce qui fait qu'un projet est différent du travail courant ?

En se basant sur la définition donnée pour un projet, il existe certain nombre de caractéristiques des projets qui distinguent le travail dans un projet de celui des affaires courantes :

Changement – la plupart des projets interviennent dans un environnement en cours d'évolution et constituent en même temps le moyen par lequel l'organisation introduit ces changements. Ceci va souvent se traduire par une résistance sévère de la part des parties concernées. Le projet doit gérer ces résistances et les diminuer de plus en plus tout en conservant pour objectif de livrer les produits et services prévus.

Temporaire – ceci est une condition essentielle pour un projet. Sans cela, il n'y a pas de projet. Un projet s'achève automatiquement quand les produits ou les services attendus sont remis au client. Les projets sont par nature finis, ils ont un début et une fin prévus.

Pluridisciplinaire – les projets impliquent des équipes constituées de personnes de qualifications et fonctions différentes, le plus souvent originaires d'entités distinctes. Ces entités pouvant appartenir à la même organisation ou à des organisations différentes.

Unique – chaque projet est différent, même si un produit ou un service identique est fourni. Le contexte est toujours différent et il y a toujours des différences dans les objectifs, les membres de l'équipe ou les autres parties engagées. Ceci fait de chaque projet un cas unique par rapport à n'importe quel autre projet.

Incertitude – toutes les caractéristiques ci-dessus se traduisent par l'incertitude, ce qui introduira toujours des opportunités et des menaces. Il n'est pas possible d'exclure cet aspect des choses, on peut seulement le gérer. Les projets sont la plupart du temps plus risqués que les opérations survenant dans les affaires courantes. La gestion du risque (incertitude) est donc au cœur de la gestion des projets.

1.5 En quoi consiste le management de projet ?

Le management de projet consiste en la planification, l'organisation et le contrôle de tous les aspects du projet ainsi que la motivation de toutes les personnes impliquées afin d'atteindre les objectifs du projet dans le cadre défini en termes de délai, coût, qualité, périmètre, bénéfices et risques.

Fig. 1.1 Management de Projet

Le but du management de projet est de maîtriser le travail particulier requis pour créer les produits du projet

Dans cette optique, le management du projet n'est pas limité au travail du chef de projet. Le management de projet constitue la tâche de tous ceux qui sont impliqués dans la gestion du projet. Ceci inclut la Direction (Exécutif), les membres du Comité de Pilotage de Projet, le Chef de Projet et les Chefs d'Équipe respectifs.

1.6 Que fait un Chef de Projet ?

Le Chef de Projet est responsable de la gestion du projet au quotidien, dans le cadre fixé par la Direction/le Comité de Pilotage du Projet.

En tant qu'acteur de cette gestion au jour le jour, le Chef de Projet est responsable de la planification, la délégation, le pilotage et le contrôle des travaux à effectuer ainsi que la gestion des autres aspects du projet comme :
- l'engagement des parties prenantes pour susciter l'appui et l'engagement ainsi que pour diminuer la résistance
- la planification et la surveillance des bénéfices à réaliser pour l'entreprise cliente à l'issue du projet
- la motivation des membres de l'équipe et tous ceux qui contribuent au projet.

1.7 Que souhaitent contrôler les parties concernée ?

Six aspects principaux sont à considérer dans tous les projets :

Coûts – les coûts générés pour créer les produits attendus du projet. Ceci inclut également les coûts de gestion du projet.
Délai – le cycle de vie complet du projet et/ou la date de livraison des produits prévus au projet
Qualité – l'aptitude du(des) produit(s) à répondre aux exigences fixées
Périmètre – qu'est ce qui est inclus dans le(les) produit(s) du projet ? Qu'est ce qui doit être livré ou ne doit pas l'être ? Quel travail doit être mené à bien et qu'est ce qui ne doit pas l'être,
Risques – la gestion des menaces autant que celle des opportunités
Bénéfices – les bénéfices à réaliser à l'issue du projet

A côté de ces principaux aspects, d'autres points de vue sont à prendre en compte comme la santé, l'environnement, la protection et la sécurité mais aussi le support et l'engagement

Chapitre 2
Introduction à PRINCE2

PRINCE2 est une méthode structurée de gestion de projets, basée sur les bonnes pratiques

PRINCE2 n'est pas une méthode restrictive. Les Chefs de Projet ont la liberté d'adapter la méthode à leurs propres habitudes.

PRINCE2 est réellement générique. Elle peut être appliquée à n'importe quel projet, indépendamment de la taille, du type, de l'organisation, de la situation géographique ou de la culture. Cependant la méthode doit toujours être adaptée au projet à traiter.

PRINCE2 isole les aspects managériaux du travail de gestion du projet des contributions spécialistes telles que la conception, la construction, etc. Néanmoins, le travail spécialiste s'intègre facilement dans la méthode PRINCE2

En raison de son caractère universel et des principes éprouvés sur lesquels elle repose, les organismes peuvent aisément appliquer la méthode PRINCE2 comme un standard et développer substantiellement leur aptitude à traiter des projets et provoquer le changement

PRINCE2 est une marque déposée. La formation professionnelle est délivrée seulement par les Organismes de Formation Accrédités et leurs représentants. Merci de consulter les sites Internet de l'APMG et de ses succursales.

2.1 Structure de PRINCE2

La méthode PRINCE2 traite la gestion de projet suivant quatre perspectives, voir la figure 2.1 :

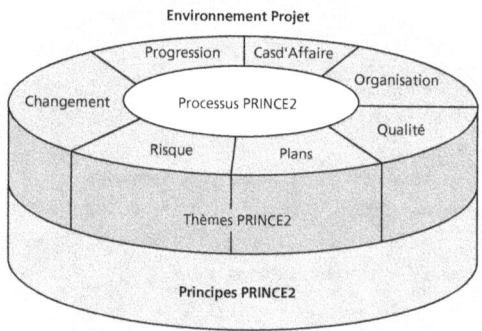

Fig. 2.1 structure PRINCE2 (source: OGC)

1. **Sept Principes** – les règles à observer et les bonnes pratiques permettent de déterminer si le projet est véritablement conduit selon PRINCE2. Un projet n'est pas considéré comme un projet PRINCE2 tant que tous ces principes ne sont pas appliqués.
2. **Sept Thèmes** – ceux-ci décrivent les aspects de la gestion de projet qui doivent être abordés en permanence et en parallèle durant tout le projet. Les thèmes expliquent le traitement spécifique exigé par PRINCE2 pour différentes disciplines de gestion de projet et pourquoi ils sont nécessaires
3. **Sept Processus** – ils décrivent la progression pas à pas tout au long du cycle de vie du projet. Chaque processus fournit des listes de contrôle d'activités, des produits ou des responsabilités associées

4. **Adaptation de PRINCE2** – ce chapitre traite de la nécessité d'adapter PRINCE2 au contexte particulier du projet à réaliser. Ce contexte dépend de facteurs spécifiques au projet aussi bien que de facteurs de son environnement.

2.2 Recommandations de l'OGC

PRINCE2 fait partie d'une suite de recommandations développée par le Ministère Britannique du Commerce (OGC), ceci dans la perspective d'aider les organismes et les individus à gérer leurs projets, leurs programmes ou leurs services, de manière cohérente et efficace

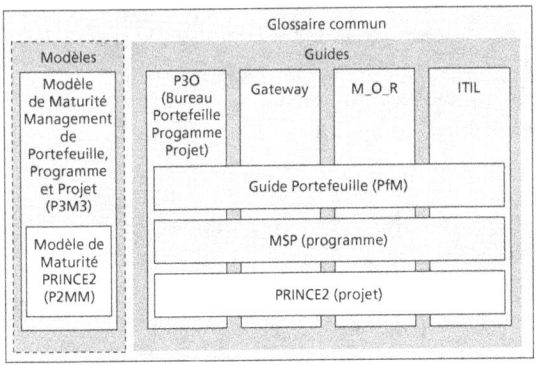

Fig. 2.2 Recommandations d'OGC Best Practice

P3M3 – Modèles de Maturité du Management de Portefeuille, de Programme et de Projet est un guide de référence pour l'application des meilleures pratiques. Il décompose l'ensemble des disciplines de portefeuille, programme et gestion de projet en secteurs de processus clés (Key Process Areas KPAs). P3M3 distingue 5 niveaux de maturité.

P2MM – Modèle de Maturité PRINCE2 décrit un ensemble de secteurs de processus clés (KPAs) requis pour la mise en application et l'utilisation efficaces de PRINCE2 dans une organisation. P2MM est dérivé de P3M3

P3O – P3O pour Portfolio, Programme and Project Office (Bureau de Portefeuille, Programme et Projets). Ce cadre fournit des conseils pour définir, mettre en place et faire fonctionner un tel bureau de gestion de projet

Gateway – OGC Gateway Review Process est un processus bien établi de revue de projet et de programme, qui est exigé pour tous les programmes et projets à haut risque du gouvernement Britannique

M_o_R – Management of Risk (Gestion du risque) positionne la gestion du risque du projet dans le contexte d'un environnement d'affaires élargi

ITIL – IT Infrastructure Library fournit un ensemble cohérent des meilleures recommandations pour la gestion des services informatiques

PfM – Portfolio Management Guide (Guide de gestion de portefeuille) explique les principes clés de la gestion de portefeuille

MSP – Managing Successful Programs (Gestion de programmes réussie) fournit des solutions éprouvées de gestion de programmes accompagnant le changement

2.3 Ce que PRINCE2 ne fournit pas

Trois domaines sont délibérément non couverts par PRINCE2

Le travail spécialiste – La force de PRINCE2 réside dans son large champ d'application. En conséquence les technologies industrielles spécifiques ou les activités à caractère particulier sont en dehors du périmètre de PRINCE2. Cependant PRINCE2 peut aisément être aligné sur les cycles de réalisation des modèles spécialistes

Les Techniques – il existe de nombreuses techniques de planification et de contrôle éprouvées. De telles techniques sont bien documentées par ailleurs. Ces techniques sont seulement incluses dans PRINCE2 lorsqu'elles contribuent au traitement particulier d'un thème par PRINCE2, comme par exemple la technique de Planification basée sur le Produit pour l'élaboration des Plans

L'aptitude au leadership – le leadership et les autres compétences de gestion des relations sociales sont éminemment importants dans la gestion des projets mais impossibles à codifier en tant que méthodes. Elles sont bien documentées par ailleurs. Néanmoins les principes, les thèmes et les processus de PRINCE2 facilitent le bon exercice de ce savoir-faire et contribuent à la bonne exécution du projet.

2.4 Bénéfices à retirer de PRINCE2

Le recours à PRINCE2 est bénéfique pour toutes les parties concernées, en particulier les clients, les fournisseurs et le Chef de Projet. Bien que la plupart des caractéristiques de PRINCE2 profitent à tous, une subdivision peut être faite :

- Pratiques éprouvées, largement reconnues
- Peut être appliqué à n'importe quel projet
- Fournit un vocabulaire et une approche commune
- Facilement intégrable aux standards de l'industrie
- Affectation de ressources dans une démarche go/no-go
- Structure complète mais condensée des rapports
- Réunions seulement lorsque cela est nécessaire
- Favorise l'apprentissage et l'amélioration permanente
- Favorise la réutilisation des enseignements des projets achevés, facilite la mobilité du personnel
- Disponibilité d'Organismes de Formation Accrédités
- Rôles et responsabilités clairs pour tous les participants
- Focalisé en permanence sur la justification du projet
- Participation des parties prenantes pour la planification et la prise de décision
- Facilite l'assurance et l'évaluation du travail de projet
- Management par Exceptions pour la Direction Générale
- Focalisé sur le Produit : ce que le projet doit livrer

- Les plans répondent aux besoins de différents niveaux de management
- Contrôle Qualité durant tout le déroulement du Projet
- Gestion des opportunités et des risques du projet
- Assure que les incidences sont rapportées
- Outil de diagnostic pour l'assurance et l'évaluation

2.5 Comment utiliser ce Guide de Poche ?

Évidemment ce guide de poche peut être lu intégralement du début à la fin. Cependant pour ceux qui souhaitent simplement avoir une brève initiation à la méthode PRINCE2, il est conseillé de lire en particulier les chapitres d'introduction (Ch 1 et 2), le chapitre 3 "Principes Généraux", le chapitre 5 "Vue d'ensemble des Thèmes" et le chapitre 13 "Introduction aux Processus PRINCE2".

Les managers responsables du projet devront s'attarder à lire en plus les chapitres 15 "Diriger le Projet" et 21 "Adaptation de PRINCE2". Pour une demande particulière, les chapitres relatifs peuvent être lus ainsi que les annexes correspondantes.

Les Produits de management PRINCE2 comme définis dans les annexes A "Modèles de Description de Produits" et C "Rôles et Responsabilités" sont écrits en lettres capitales pour la commodité de lecture.

Chapitre 3
Différences entre les versions PRINCE2 2009 et 2005

La principale amélioration est que PRINCE2 est désormais beaucoup plus axé sur les principes. C'est maintenant beaucoup plus qu'un ensemble de règles et de préceptes, voir figure 3.1.

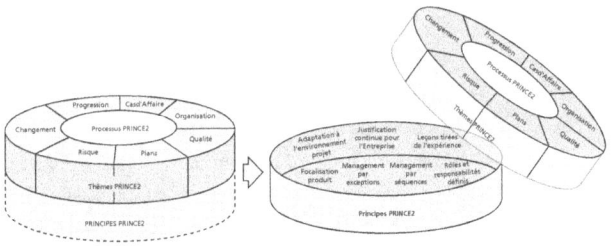

Fig. 3.1 PRINCE2 est beaucoup plus basé sur les principes

3.1 Principaux changements

- Addition d'un chapitre sur les Principes rendant ceux-ci désormais explicites.
- Plus d'aide sur l'adaptation, qui est devenue un chapitre à part entière.
- Moins de points imposés. Il est plus important de travailler dans l'esprit de PRINCE2 que de suivre les règles du manuel.
- Moins de formalisme. Des sous-processus ont été transformés en activités. Il y a moins de produits de management.
- Mise en évidence du retour d'expérience.
- Amélioration des liens avec les autres produits OGC.

- Plus de références quant aux techniques possibles.
- Prise en compte du constat de livraison partielle.

3.2 Les changements apportés au Manuel

- Le Manuel a été réduit d'environ 450 à 300 pages, essentiellement par élimination des doublons.
- Les Composants sont devenus les Thèmes et ont été placés avant les Processus.
- Il y a seulement sept thèmes. La gestion de la Configuration a été intégrée au thème Changements.
- Le Composant Contrôles est devenu le thème Progression.
- La section Technique a été supprimée. Les techniques font maintenant partie des thèmes appropriés.
- Le nombre de Processus a été réduit à sept. La Planification est désormais intégrée dans le Thème Plans.
- Plus de conseils à l'intention des membres du Comité de Pilotage de Projet. Il existe un guide séparé pour les membres du comité de pilotage "Diriger des Projets réussis avec PRINCE2".
- L'annexe Catégorie de Risques a été supprimée.
- L'annexe Bilan de Santé par composants a été remplacée par une Liste de contrôles par processus.

3.3 Détail des changements

Thèmes
- **Cas d'Affaire** – Le *Plan de Revue Post-Projet* est désormais appelé *Plan de Revue des Bénéfices*, il est maintenant produit en premier lors de l'Initialisation puis examiné et mis à jour à la fin de chaque séquence. La vérification se fait en contrôlant si le *Cas d'Affaire* est souhaitable, viable et réalisable. Le cheminement de développement du *Cas d'Affaire* est divisé ainsi : développer, vérifier, maintenir et confirmer. *Le Cas d'Affaire*

contient également un résumé général, les inconvénients et les tolérances possibles sur les bénéfices.
- **Organisation** – Les quatre niveaux de management sont maintenant décrits comme Management de l'Entreprise ou de Programme, Direction, réalisation et livraison. Le rôle de l'Autorité de Changement est maintenant décrit dans la structure organisationnelle. Le Gestionnaire de la Configuration fait maintenant partie du Support Projet. Pour se conformer à MSP (Managing Successful Programme) l'Utilisateur Principal spécifie les bénéfices et est tenu de démontrer au management de l'entreprise ou du programme que les bénéfices prévus sont réalisés.
- **Qualité** – Il y a une plus grande focalisation sur les produits. La "démarche qualité" a été changée en "liste de contrôle des opérations qualité" avec deux domaines d'intervention, planification de la qualité et contrôle de la qualité. La notion de *Description de Produit du Projet* est introduite, ce qui inclut les exigences qualité du client, les critères d'acceptation et les tolérances du niveau de qualité du projet. Le *Plan Qualité du Projet* est remplacé par la *Stratégie Qualité*. Le périmètre d'un plan est défini comme la somme totale de ses produits.
- **Plans** – La *Description de Produit* pour le produits final est maintenant devenue la *Description de Produit du Projet*. Ainsi, une *Description de Produit* est maintenant nécessaire pour tous les produits identifiés. La technique de Planification Basée sur le Produit est moins impérative : "En consultant la *Structure de Décomposition des Produits*, remarquez l'utilisation des différentes formes, modèles ou couleurs pour chaque type différent de produits".
- **Risques** – Le chapitre en entier a été réécrit, de sorte qu'il s'aligne sur M_o_R Management des Risques. Les réponses aux opportunités ont été définies. Il y a une identification des rôles de Surveillant du Risque et celui d'Exécuteur du Risque.
- **Changement** – Le *Journal de Projet* est désormais utilisé pour consigner les problèmes/soucis qui peuvent être rencontrés par le Chef de Projet au

quotidien. La procédure de gestion des incidences et des changements a été revue. La procédure de gestion de la configuration a été intégrée.
- **Progression** – Ce thème remplace le composant Contrôle. Toutes les références à l'élaboration et à la clôture contrôlée du projet ont été enlevées.

Processus
- **Élaborer le Projet (EP)** – EP tient maintenant compte du retour d'expériences antérieures. La description de la structure de l'Équipe de Projet, l'Approche Projet et les *Descriptions de Produits* font désormais partie de l'*Exposé du Projet*. Seuls le *Journal du Projet* et le *Journal des Retours d'Expérience* sont créés dans ce processus.
- **Diriger le Projet (DP)** – DP démarre maintenant après EP. Le processus en lui-même reste pratiquement inchangé.
- **Initialiser le Projet (IP)** – IP commence maintenant par la création des stratégies : *Stratégie des Risques*, *Stratégie Qualité*, *Stratégie de Configuration* et *Stratégie de Communication*. Tous les *Registres* également sont créés dans ce processus. Le *DIP* est maintenant décrit comme la *Documentation d'Initialisation de Projet*. La *DIP* doit expliquer comment la méthode PRINCE2 est adaptée.
- **Contrôler une Séquence (CS)** – Les activités de collecte des incidences et des risques est désormais combinées.
- **Gérer la Livraison des Produits (LP)** – Ce processus reste pratiquement inchangé.
- **Gérer une Limite de Séquence (LS)** – L'activité mise à jour du *Registre des Risques* est intégrée dans la mise à jour du *Cas d'Affaire*. La *DIP* et le *Plan de Revue des Bénéfices* sont mis à jour. La création du *Rapport des Retours d'Expérience* et du *Rapport des Recommandations d'Actions de Suivi* peuvent maintenant faire partie de ce processus.
- **Clore le Projet (CP)** – Le *Rapport des Retours d'Expérience* et le *Rapport des Recommandations d'Actions de Suivi* font maintenant partie du *Rapport de Fin de Projet*. L'activité Remise des Produits a été introduite.

Chapitre 4
Principes

Le but de PRINCE2 est de fournir une méthode de management de projets pouvant être utilisée quelle que soit la taille du projet, son type, sa complexité, son champ culturel et indépendamment des facteurs environnementaux (voir figure 4.1).

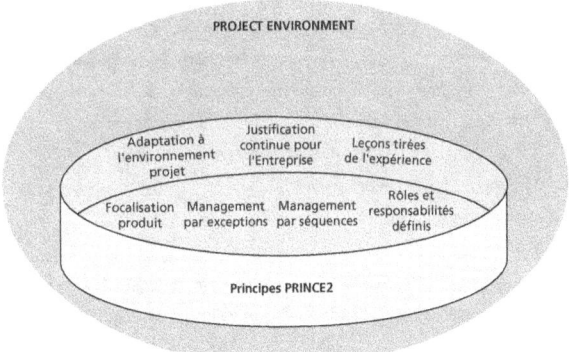

Fig. 4.1 Les Principes de PRINCE2 Édition 2009

Ceci est rendu possible parce que PRINCE2 est basé sur des principes. Ces Principes sont considérés comme universels, auto-validants et habilitants.

Justification permanente de l'affaire
Chaque projet doit réunir les conditions suivantes :
- Il existe une justification réelle pour démarrer le projet ;
- La justification pourra changer mais restera valide tout au long du cycle du projet ;
- Cette justification est documentée et approuvée.

La justification commande le processus de prise de décision. Dans PRINCE2 la justification est documentée dans un Cas d'Affaire. Même les projets à caractère obligatoire nécessitent une justification pour valider l'option choisie pour respecter la contrainte.

La prise en compte du retour d'expérience

La prise en compte du retour d'expérience caractérise la méthode PRINCE2 :
- Lors du démarrage du projet les précédentes expériences doivent être recherchées pour voir si elles peuvent être utilisées ;
- Au fur et à mesure que le projet progresse les enseignements doivent être inclus dans les rapports et revues. Le but est de trouver des occasions pour apporter des améliorations tout au long du cycle du projet ;
- À la clôture du projet et à chaque étape intermédiaire de celui-ci, il faut transmettre les enseignements à l'organisme de direction ou au responsable du programme.

Il est de la responsabilité de chacun de rechercher en permanence des enseignements plutôt que d'attendre que quelqu'un les préconise.

Rôles et responsabilités définis

Un projet PRINCE2 s'articule autour de responsabilités définies et approuvées avec une structure organisationnelle qui engage les parties prenantes intéressées, Entreprise, Utilisateur et Fournisseur :
- Les commanditaires approuvent les objectifs et doivent s'assurer que la dépense à effectuer produira le retour sur investissement souhaité ;
- Les Utilisateurs mettront en œuvre les produits du projet dans le but de leur permettre d'obtenir les gains escomptés ;
- Les Fournisseurs fourniront les ressources requises par le projet.

Par conséquent, les intérêts des trois parties prenantes doivent être effectivement représentés dans l'organisation du projet, au niveau de la livraison comme à celui de la direction.

Management séquence par séquence
Un projet PRINCE2 est planifié, piloté et contrôlé séquence par séquence.

Les séquences de management fournissent à la Direction des contrôles aux points de décision importants. Les séquences de management couvrent également l'horizon de planification en ayant un *Plan de Projet* au niveau le plus haut pour tout le projet et un *Plan de Séquence* détaillé pour la séquence en cours. A la fin de chaque séquence un nouveau *Plan de Séquence* sera défini et le *Plan de Projet* sera mis à jour.

PRINCE2 nécessite un minimum de deux séquences de management : une Séquence d'Initialisation et une ou plusieurs séquence(s) de réalisation

Management par exception
Un projet PRINCE2 dispose de tolérances précises pour chaque objectif du projet de manière à établir les limites de délégation de l'autorité.

PRINCE2 permet une gouvernance appropriée en définissant des responsabilités et champs d'intervention précis à chaque niveau du projet par :
- Délégation de l'autorité grâce à la mise en place de tolérances vis à vis des objectifs (délai, coût, qualité, périmètre, risque et bénéfices) à chaque niveau du plan ;
- Établissement de contrôles faisant que si ces tolérances sont susceptibles d'être dépassées elles sont immédiatement transmises au niveau de management supérieur pour décider des actions à entreprendre ;
- Établissement d'un mécanisme d'assurance de manière à ce que chaque niveau de management soit certain que ces contrôles soient efficaces.

Le Management par Exception garantit une utilisation optimale du temps consacré par le Management et réduit la perte de temps en réunions dont souffrent généralement les projets.

Focalisation sur les produits
Un projet PRINCE2 se focalise sur la définition et la livraison des produits, en particulier au niveau de leurs exigences de qualité.

Un projet réussi est un projet orienté sur le résultat à atteindre, pas sur les actions à mener. Un projet orienté sur le résultat est un projet qui décrit et définit les produits du projet en incluant les exigences qualités souhaitées ainsi que les critères d'acceptation prioritairement à la prise en compte des actions à mener pour les produire. L'ensemble des produits décrits fixe le périmètre du projet et fournit les bases pour la planification et le contrôle.

Sans une focalisation sur le produit, les projets s'exposent à supporter plusieurs risques majeurs comme : des conflits sur l'approbation ; des sorties du périmètre ; le mécontentement des utilisateurs et la sous estimation de l'adhésion nécessaire aux activités de réception.

Adapté pour se conformer au contexte du projet
PRINCE2 doit être adapté pour se conformer aux facteurs spécifiques du projet ainsi qu'aux facteurs environnementaux :
- Assure que la méthode de gestion de projet s'applique à des environnements tels que des modèles spécifiques de l'industrie, les standards de l'entreprise, sa maturité organisationnelle et sa culture ;
- Assure que les contrôles du projet sont basés sur les facteurs propres au projet comme la taille, la complexité, l'importance, les fonctionnalités et les risques.

L'adaptation nécessite une décision essentielle quand à la façon dont la méthode sera appliquée. Pour s'assurer que toutes les personnes impliquées comprennent comment la méthode est adaptée, la *Documentation d'Initialisation de Projet* précisera les modalités de l'adaptation dans le cas particulier de ce projet.

Chapitre 5
Introduction aux Thèmes de PRINCE2

Les thèmes de PRINCE2 décrivent les aspects du management de projet qui doivent être surveillés continuellement et intégralement tout au long du projet, voir figure 5.1.

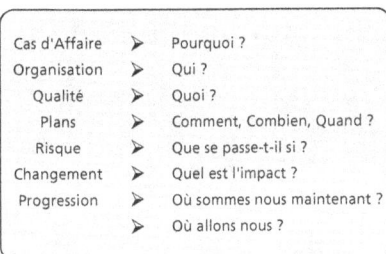

Fig. 5.1 les Thèmes PRINCE2

Cas d'Affaire – décrit comment l'idée est développée dans une proposition d'investissement viable pour l'organisation et comment la gestion du projet surveille les objectifs de l'organisation à travers le projet. Voir aussi Ch. 6.

Organisation – décrit les rôles et responsabilités requis dans l'organisation temporaire du projet pour gérer efficacement le projet. Voir aussi Ch. 7.

Qualité – décrit comment le modèle original est développé à travers les critères de qualité et comment le management du projet garantit que ces critères sont bien satisfaits.
Voir aussi Ch. 8.

Plans – décrit les étapes nécessaires pour développer les plans et propose d'appliquer la technique de Planification Basée sur le Produit.

Risques – décrit comment la gestion de projet gère les incertitudes dans les plans et plus généralement dans l'ensemble du projet.

Changements – Décrit comment la gestion des projets évalue et agit sur les incidences qui ont un impact potentiel sur n'importe lequel des aspects initiaux du projet. Les incidences peuvent être des problèmes imprévus ou des préoccupations, des requêtes de changement ou des défaillances de la qualité.

Progression – garantit la viabilité continue des plans. Ceci explique alors le processus décisionnel pour l'approbation des plans, la surveillance de la performance réelle, les actions correctives à prendre et le processus de rapport s'il est prévu de s'écarter des tolérances.

Les sept thèmes doivent être mis en œuvre tout au long du projet mais doivent être adaptés pour correspondre au contexte du projet.

Chapitre 6
Cas d'Affaire

6.1 But

Le *Cas d'Affaire* a pour objectif d'établir des mécanismes afin de juger si le projet est et demeure souhaitable, viable et réalisable. C'est un moyen pour aider à la prise de décision sur l'investissement.

Un projet doit avoir une justification permanente. Le *Cas d'Affaire* est la propriété de l'Exécutif. Dans certains projets, il y a déjà une proposition de *Cas d'Affaire*, qui devra donc être affinée pendant l'initialisation.

6.2 Définition du Cas d'Affaire

Dans PRINCE2 sont définis comme :
- **Livrable** – n'importe lequel des produits spécialistes du projet (matériel ou immatériel).
- **Résultat** – la conséquence du changement apporté par l'utilisation de ces produits.
- **Bénéfice** – l'amélioration mesurable consécutive à un résultat qui est perçu comme une finalité par une des parties prenantes.

La nature du projet va déterminer les objectifs qui vont être utilisés pour vérifier l'attractivité du projet et plus tard pour confirmer que le projet a atteint ces objectifs. Ces objectifs doivent être mesurés différemment selon le type de projet, par exemple :
- Projets à caractère obligatoire ;
- Projet à but non lucratif ;
- Projet en évolution ;

- Projet Client/Fournisseur ;
- Projet Interentreprises.

Certains de ces projets doivent être appréciés principalement sur le retour d'investissement mais d'autres doivent être évalués sur des bénéfices non financiers. Indépendamment du type de bénéfice, pour chaque investissement la question se pose, les bénéfices attendus sont-ils plus souhaitables, viables et réalisables que les autres options possibles.

6.3 L'approche PRINCE2 du Cas d'Affaire

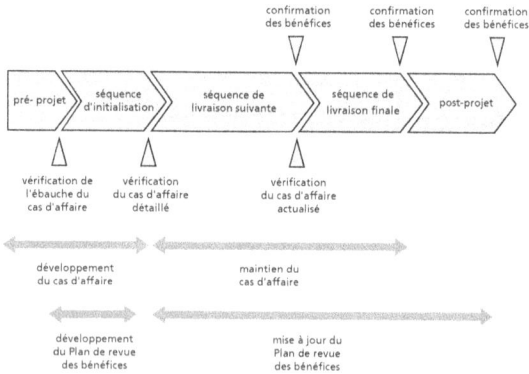

Fig. 6.1 Séquence de développement du Cas d'Affaire

Le cas d'affaire est **développé** au début du projet (ou avant) et **mis à jour** durant tout le cycle du projet, tout en étant **vérifié** de façon formelle par le Comité de Pilotage de Projet à chaque point de décision principal, comme les évaluations de fin de séquence, et **confirmé** tout au long des périodes où les bénéfices s'accroissent, voir la figure 6.1.

À côté du *Cas d'Affaire*, le *Plan de Revue des Bénéfices* est développé, mis à jour et vérifié. Le *Plan de Revue des Bénéfices* est le document de base pour passer en revue et mesurer les bénéfices.

6.3.1. Le développement du Cas d'Affaire

L'Exécutif est propriétaire du *Cas d'Affaire*. Cependant, le développement du *Cas d'Affaire* peut être confié à un consultant ou même au Chef de Projet. Le Comité de Pilotage de Projet doit prendre en considération la participation de l'Assurance Projet pour l'assister dans le développement du *Cas d'Affaire*.

L'ébauche du *Cas d'Affaire* est développée dans le processus Élaborer le Projet et est intégrée à l'*Exposé du Projet*. L'ébauche du Cas d'Affaire peut dériver d'un *Mandat de Projet*. Dans le processus Initialiser le Projet, le *Cas d'Affaire* sera développé en entier.

Le fournisseur peut avoir lui-même un *Cas d'Affaire*, particulièrement s'il est extérieur à l'entreprise. Néanmoins, le *Cas d'Affaire* dans un projet est celui qui fait référence au *Cas d'Affaire* du Client.

6.3.2. Contrôle et mise à jour du Cas d'Affaire

Le Cas d'Affaire est vérifié et mis à jour :
- À la fin du processus Élaborer le Projet par le Comité de Pilotage du Projet afin d'autoriser l'initialisation du projet ;
- À la fin du processus Initialiser le Projet par le Comité de Pilotage du Projet afin d'autoriser le projet ;
- Lors de toute évaluation des incidences par le Chef de Projet ;
- Lorsqu'un Plan d'Exception est sollicité par le Comité de Pilotage du Projet pour autoriser la séquence révisée et la poursuite du projet ;
- À la fin de chaque séquence par le Chef de Projet ;
- À la fin de chaque séquence par le Comité de Pilotage du Projet pour autoriser la séquence suivante et la poursuite du projet ;

- Au cours de la dernière séquence par le Chef de Projet ;
- À la clôture du projet par le Comité de Pilotage du Projet afin d'établir précisément les éléments de passage en revue des bénéfices ;
- Lors de la revue des bénéfices afin de mesurer le succès des résultats du projet dans la réalisation des bénéfices.

Il est de la responsabilité de l'Exécutif de garantir aux parties prenantes du projet que le projet reste souhaitable, viable et possible.

6.3.3 Confirmation des bénéfices

L'approche pour confirmer les bénéfices consiste à :
- Identifier les bénéfices ;
- Sélectionner des mesures objectives fiables permettant de prouver les bénéfices ;
- Recueillir les mesures de référence ;
- Décider comment, quand et par qui ces mesures de bénéfice doivent être collectées.

L'Utilisateur Principal spécifie les bénéfices et il est tenu de démontrer au management de l'entreprise ou du programme que les bénéfices escomptés sont effectivement réalisés.

Le *Plan de Revue des Bénéfices* est créé dès la Séquence d'Initialisation et mis à jour à la fin de chacune des séquences ultérieures puis une dernière fois lors du processus Clore le Projet par le Chef de Projet.

6.4 Le contenu d'un Cas d'Affaire

Le Cas d'Affaires doit comporter :
- **Un sommaire**
- **Les raisons :** pourquoi ce projet est envisagé et comment ce projet intègre les stratégies et objectifs de l'entreprise ;

- **Les options pour l'Entreprise** : avec l'option minimale, ne rien faire, faire le minimum, faire quelque chose. Toutes les autres options doivent être comparées à l'option ne rien faire ;
- **Les bénéfices attendus** ; financiers ou non. Tous les bénéfices devraient être alignés sur les stratégies et objectifs de l'entreprise, intégrer les contributions devant être apportées par le projet, être quantifiables, mesurables et attribués. Prévoir une tolérance pour l'évaluation de chaque bénéfice ;
- **Les contre-bénéfices attendus** ; un résultat perçu comme négatif par une ou plusieurs des parties prenantes ;
- **Période d'exécution** ; la période pendant laquelle les coûts du projet seront engagés et la période pendant laquelle l'analyse des coûts/des bénéfices sera menée ;
- **Coûts** ; dérivés du *Plan de Projet* et des hypothèses sur lesquelles ils sont basés ;
- **Évaluation de l'investissement** ; évaluation des coûts de développement, d'exploitation et de maintenance comparée à la valeur des bénéfices sur une période de temps donnée ;
- **Principaux risques** ; résumé des risques recensés (profil des risques) et mise en lumière des risques majeurs.

6.5 Responsabilités dans le Thème Cas d'Affaire

Pour les responsabilités relevant du thème du *Cas d'Affaire*, se reporter à la table 6.1.

Direction de l'entreprise ou de programme	Chef de Projet
• Fournit le Mandat de Projet et définit les normes de développement du Cas d'Affaire • Charge l'Utilisateur Principal degarantir la réalisation des bénéfices • Responsable du Plan de Revue des Bénéfices **Exécutif** • Responsable du Cas d'Affaire • Approuve le Plan de Revue des Bénéfices • Garantit l'alignement du projet sur la stratégie de l'Entreprise • Obtient le financement du projet **Utilisateur Principal** • Spécifie les bénéfices à partir desquels le Cas d'Affaire sera approuvé • Assure que les résultats attendus sont spécifiés • Assure que le projet fournit les résultats désirés • Assure que les bénéfices attendus sont réalisés • Compare les bénéfices réels et prévus pour la revue des bénéfices **Fournisseur Principal** • Approuve le Cas d'Affaire du fournisseur (s'il existe) • Confirme que les produits peuvent être livrés dans les coûts et délais demandés	• Prépare le Cas d'Affaire sous la responsabilité de l'Exécutif • Mène l'analyse d'impact sur les incidences et les risques pouvant affecter la viabilité du projet • Examine et actualise le Cas d'Affaire à la fin de chaque séquence de management • Passe en revue et rapporte sur la performance du projet à la clôture **Assurance Projet** • Participe au développement du Cas d'Affaire • Garantit que la viabilité du Cas d'Affaire est réévaluée régulièrement • Surveille les changements du Plan de Projet pour identifier les impacts sur le Cas d'Affaire • Surveille le Cas d'Affaire par rapport aux incidences et risques • Examine l'évaluation de l'impact sur la Plan de Projet et le Cas d'Affaire • Surveille les finances du projet pour le Client • Assure que le projet reste aligné sur la stratégie d'entreprise ou de programme • Surveille le Plan de Revue des Bénéfices pour qu'il reste aligné sur la stratégie d'entreprise ou de programme **Support de Projet** • Gérer le Cas d'Affaire en configuration • Informe le Chef de Projet de tout changement pouvant affecter le Cas d'Affaire

Table 6.1 Rôles et responsabilités dans le Thème Cas d'Affaire

Chapitre 7
Organisation

7.1 But

Le but du thème Organisation est de définir et de constituer la structure du projet en matière de décision et de responsabilités.

PRINCE2 est basé sur un environnement client/fournisseur. Il part du principe qu'il y a un client qui veut obtenir un résultat précis et probablement payer le projet ainsi qu'un fournisseur qui va fournir les équipes et les ressources pour obtenir ce résultat. Les clients et les fournisseurs peuvent faire partie de la même entité. Ils peuvent aussi faire partie d'entreprises différentes. Dans l'organisme client on peut encore distinguer les représentants des utilisateurs et de l'entreprise.

Pour réussir, une équipe de gestion de projet doit :
- comporter des représentants de l'entreprise, des utilisateurs et des fournisseurs ;
- pratiquer une gouvernance appropriée par la définition des responsabilités pour la direction, la gestion et la livraison du projet ;
- avoir une stratégie efficace pour engager les parties prenantes ;
- passer en revue les rôles du projet pour s'assurer de leur efficacité continue.

7.2 Définir l'Organisation

PRINCE2 part du principe qu'un projet comporte toujours trois catégories principales de parties prenantes et que leurs attentes doivent être satisfaites pour que le projet soit réussi. Pour y parvenir, il est avant tout primordial d'avoir des représentants de l'entreprise, de l'utilisateur, du fournisseur au niveau du management du projet (voir figure 7.1).

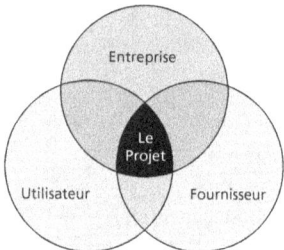

Figure 7.1 Les trois acteurs du projet

L'Entreprise – ce sont ceux qui justifieront l'investissement dans le projet par un besoin d'entreprise. Le projet doit leur procurer un retour sur investissement.
Les Utilisateurs – ce sont ceux qui vont utiliser le résultat du projet, vont exploiter, maintenir ou supporter cette production ou bien seront impactés par celle-ci.
Les Fournisseurs – ce sont ceux qui vont apporter les ressources et les équipements et produire le produit du projet.

7.3 Niveaux d'organisation

Dans un projet, nous pouvons reconnaître trois niveaux d'organisation :
- la direction,
- le management,
- la livraison

Dans de petits projets, le management et la livraison vont parfois être combinés.

Ces trois groupes sont représentés dans l'équipe de management de projet. La structure de gestion de projet comporte quatre niveaux ; les trois niveaux exposés ci-dessus et le management du programme ou de l'entreprise (voir figure 7.2) :

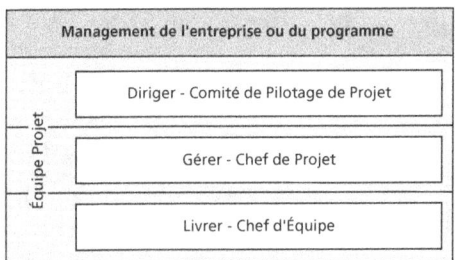

Fig. 7.2 Niveaux de management

Management de l'entreprise ou du programme – ce niveau se situe en dehors de l'équipe projet, mais il est responsable du financement du projet ainsi que de l'orientation globale dans la stratégie de l'entreprise ou du programme ; il se porte garant des bénéfices à réaliser à partir du résultat du projet.
Direction – le Comité de Pilotage de Projet est responsable de la direction globale du projet et de sa gestion dans le cadre des contraintes fixées par le management de l'entreprise ou du programme.
Management – le Chef de Projet est responsable de la gestion au quotidien du projet dans les limites fixées par le Comité de Pilotage de Projet.
Livraison – le Chef d'Équipe est responsable pour la gestion des *Lots de Travaux* élémentaires au quotidien et pour la livraison des résultats du projet dans les objectifs définis.

L'organisation du projet est constituée par les trois niveaux de management et les membres de l'équipe. Les membres de l'équipe sont responsables de la réalisation effective des produits du projet.

7.4 L'Équipe de Projet

L'Équipe de Projet est une structure temporaire pour assurer la gestion du projet. À côté du Comité de Pilotage de Projet, du Chef de Projet et des Chefs d'Équipes se trouvent l'Assurance Projet, l'Autorité de Changement et le Support Projet (voir figure 7.3).

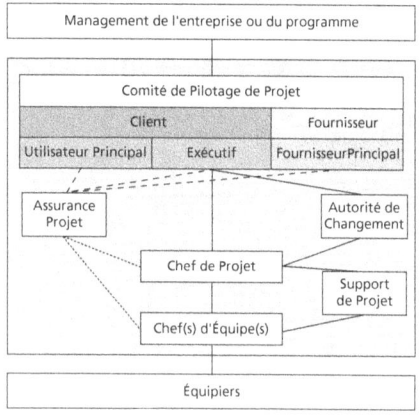

Fig. 7.3 Structure de l'Équipe de Projet

Comité de Pilotage de Projet – Le niveau le plus élevé de management du projet. Le Comité de Pilotage de Projet comporte les rôles de l'Exécutif, l'Utilisateur Principal, et le Fournisseur Principal. Les responsabilités du Comité de Pilotage du Projet consistent à :
- Être garant de la réussite du projet ;
- Fournir des orientations et des directives unifiées ;
- Déléguer effectivement au Chef de Projet ;
- Faciliter l'intégration avec les unités fonctionnelles ;
- Fournir les fonds et les ressources requis ;
- Assurer une prise de décision efficace ;
- Assurer une communication efficace dans l'équipe de projet et avec les parties prenantes externes.

Un bon Comité de Pilotage de Projet fait montre d'autorité, de crédibilité, de capacité de délégation et de disponibilité.

L'Exécutif – c'est le garant ultime du succès du projet à l'intérieur du Comité de Pilotage de Projet et il en est le décisionnaire principal. Dans cette optique, le Comité de Pilotage de Projet n'est pas une entité démocratique mais une plateforme pour la prise de décision. L'Exécutif est responsable de la viabilité continue du projet du point de vue du client. Il ne devrait y avoir qu'un seul représentant de l'Exécutif.

L'Utilisateur Principal – il représente les intérêts des utilisateurs à l'intérieur du Comité de Pilotage de Projet. L'Utilisateur Principal est responsable de l'expression des besoins des utilisateurs, de l'évaluation des produits du projet du point de vue des utilisateurs, de la mise à disposition des ressources utilisateur et de la communication au sujet du projet avec d'autres représentants d'utilisateurs. L'Utilisateur Principal est également responsable de la définition des bénéfices et il est tenu de rendre compte preuve à l'appui au management de l'entreprise ou du programme que les bénéfices prévus soient effectivement réalisés. Ce rôle peut être tenu par plus d'une personne.

Fournisseur Principal – il représente les intérêts des fournisseurs au sein du Comité de Pilotage de Projet. Le Fournisseur Principal est garant des produits livrés par les fournisseurs (et pour leur qualité). Il est tenu de procurer les ressources et les équipements côté fournisseurs et il doit s'assurer que les propositions établies pour la conception et la réalisation sont faisables et réalistes. Ce rôle peut être rempli par plus d'une personne.

Assurance Projet – constitue la responsabilité dérivée du Comité de Pilotage de Projet. L'assurance Projet surveille tous les aspects de l'exécution du projet et des produits indépendamment du Chef de Projet, afin de libérer les membres du comité de pilotage de leurs responsabilités de surveillance. L'Assurance Projet est alignée sur les centres d'intérêt des représentants de l'entreprise, des utilisateurs et des fournisseurs.

Le Comité de Pilotage de Projet doit représenter toutes les parties intéressées. Par conséquent plusieurs Utilisateurs et Fournisseurs Principaux pourraient être désignés. Cependant afin d'éviter un comité ingérable, il est bon de nommer des groupes d'utilisateurs et de fournisseurs caractéristiques qui seront représentés dans le comité de pilotage par un nombre limité de membres, voir figure 7.4

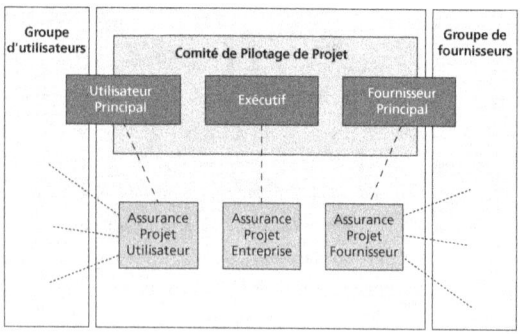

Fig. 7.4 Structure possible pour le reporting

L'Autorité de Changement – c'est aussi une responsabilité déléguée du Comité de Pilotage de Projet. L'Autorité de Changement est la personne ou le groupe auquel le Comité de Pilotage de Projet délègue (partiellement) la responsabilité des *Requêtes de Changement* et *Hors-Spécifications*.

Le Chef de Projet – il est responsable de la gestion quotidienne du projet au nom du Comité de Pilotage de Projet. Ce qui signifie que le Chef de Projet est responsable de la planification du travail, du déclenchement des *Lots de Travaux*, de la surveillance de l'avancement et des actions correctives éventuellement nécessaires. S'il apparaît que les tolérances prévues viennent à être dépassées, il doit en référer au Comité de Pilotage de Projet pour les décisions à prendre. Le Chef de Projet devrait travailler de concert avec l'Assurance Projet. Le rôle du Chef de Projet ne devrait pas être partagé.

Le Chef d'Équipe – il est responsable de la réalisation des produits qui lui ont été confiés par le Chef de Projet. Le Chef d'Équipe rapporte au Chef de Projet et suit ses directives. Si le Chef d'Équipe vient de l'organisation Fournisseur il devra aussi rendre compte au Fournisseur Principal sans remettre en question l'autorité du Chef de Projet. Dans beaucoup de projets il y a plus d'un Chef d'Équipe.

Le Support Projet – c'est une responsabilité déléguée du Chef de Projet. Le Support Projet fournit normalement des services administratifs aussi bien que des services spécialisés comme la planification ou le contrôle budgétaire. Le Support Projet est typiquement responsable de la gestion de la configuration et de la tenue des *Registres des Risques*, *Registre des Incidences* et *Registre Qualité*.

7.5 Stratégie de Communication

La *Stratégie de Communication* comprend une description des moyens et de la fréquence de la communication vis-à-vis des parties prenantes internes et externes du projet. Cette stratégie est développée dans le processus Initialiser le Projet puis mise à jour à la fin de chaque séquence.

Le Chef de Projet est responsable de la documentation et du suivi de cette stratégie. L'Exécutif est garant de l'efficacité de cette stratégie. Les activités réelles de communication sont établies dans les plans appropriés puis surveillées à partir de là par le Chef de Projet.

Chapitre 8
Qualité

8.1 But

Le thème Qualité à pour but de définir et mettre en place les moyens par lesquels le projet va créer et contrôler les produits adaptés aux besoins.

Le thème qualité définit la démarche PRINCE2 pour s'assurer que les produits du projet répondent à des attentes de l'entreprise et que les bénéfices désirés seront réalisés.

La focalisation sur le produit est au cœur de l'approche qualité de PRINCE2, et s'applique pour les produits spécialistes aussi bien que pour les produits de management du projet. Collecter et tenir compte des enseignements contribue à l'approche qualité, car ce sont des moyens de réaliser l'amélioration continue.

8.2 Définition de la Qualité

La Qualité d'un produit est généralement définie comme l'ensemble des fonctionnalités et caractéristiques lui permettant de satisfaire besoin convenu, évident en soi ou obligatoire.
Le périmètre d'un plan recouvre la somme de ses produits et des activités respectives pour les réaliser. Dans PRINCE2 le périmètre d'un plan est limité à la somme de ses produits et défini par la *Structure de Décomposition de Produit* et les *Descriptions de Produit* associées.

8.3 Management de la Qualité

Le management de la Qualité est défini comme les activités coordonnées pour diriger et contrôler une organisation en ce qui concerne la qualité. Un Système de Management de la Qualité (SMQ) est l'ensemble complet des standards de qualité, des procédures et des responsabilités pour un site ou une organisation.
Dans le contexte d'un projet, les sites et organisations doivent être considérés comme des entités (semi)permanentes destinées à produire le travail du projet, c'est-à-dire qu'elles sont extérieures à l'organisation temporaire du projet. Seuls de très gros projets sont susceptibles d'avoir leur propre SMQ.

L'approche qualité dans un projet est dérivée des SMQ respectifs des organisations clientes et fournisseurs engagés dans l'opération.

Planification de la Qualité – c'est l'aspect particulier du management de la qualité définissant les objectifs qualité, les spécifications des processus opérationnels nécessaires ainsi que les moyens pour répondre à ces objectifs qualité. La planification de la qualité intervient pour définir les produits exigés, avec leurs critères qualité, méthodes qualité et les responsabilités des personnes impliquées en matière de qualité.

Contrôle Qualité – c'est l'aspect particulier du management de la qualité pour l'approbation des critères qualité des produits. Le contrôle qualité se focalise sur les techniques et les activités opérationnelles employées pour répondre aux exigences qualité (par exemple une revue qualité, voir le tableau 8.1) ou pour identifier des solutions en vue d'éliminer des facteurs de performances insuffisants (par exemple en présentant des améliorations de processus résultant de l'expérience acquise).

Technique de Revue Qualité	
Un engagement collectif pour évaluer la conformité des produits par rapport à un ensemble de critères en utilisant une procédure de revue	
Objectifs • évaluer la conformité par rapport aux critères • favoriser une acceptation plus large du produit • confirmer que le produit est prêt pour l'approbation • référencer le produit pour le Contrôle des Changements	**Rôles** • Président, responsable du déroulement de la revue • Représentant, pour représenter les producteurs du produit • Vérificateur(s), pour examiner et confirmer les corrections ou améliorations • Administrateur, pour fournir un support administratif et effectuer les enregistrements

Table 8.1 Technique de Revue Qualité

L'Assurance Qualité – c'est l'aspect particulier du management de la qualité qui garantit que les attentes du client seront satisfaites. L'Assurance Qualité est une approche par processus plus connue sous le nom de Cycle de Deming, développée par le Dr W. Edwards Deming PDCA *Plan, Do, Check, Act*.

Assurance Projet	Assurance Qualité
Garantit aux Parties Prenantes que le projet est conduit correctement et conformément aux plans et standards convenus	Garantit au management de l'entreprise ou du programme que le projet est conduit correctement et conformément aux plans et standards convenus
Doit être indépendante du Chef de Projet et de l'Équipe de Projet	Menée par des personnes indépendantes du Projet
Responsabilité du Comité de Pilotage de Projet	Responsabilité du management de l'entreprise ou du programme
Des fonctions d'Assurance Qualité peuvent être utilisées par le Comité de Pilotage de Projet comme partie de l'Assurance Projet	Une Bonne Assurance Projet donne confiance sur le respect des standards de l'entreprises ou du programme

Table 8.2 Relations Projet et Assurance Qualité dans PRINCE2

Dans PRINCE2, l'assurance qualité est définie comme la responsabilité du management de l'entreprise ou du programme de ce fait en dehors du cadre d'un projet et par la même en dehors du périmètre de PRINCE2. Les responsabilités d'assurance qualité dans le projet sont considérées comme une partie de la responsabilité globale de l'Assurance Projet dans le projet (voir le tableau 8.2).

8.4 L'approche Qualité de PRINCE2

L'approche qualité de PRINCE2 conduit à des activités systématiques comme (voir figure 8.1.) :

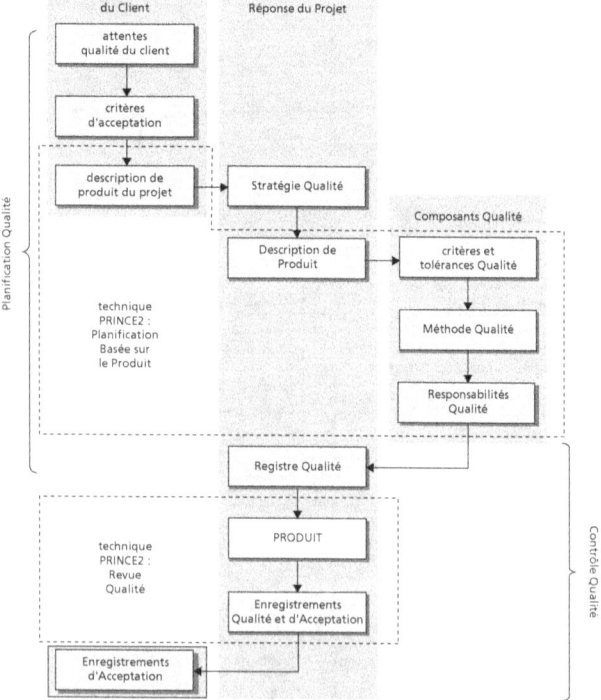

Fig. 8.1 Démarche d'Audit Qualité

- **La planification de la qualité** consiste à développer la *Stratégie Qualité* et définir les attentes et les critères d'acceptation du client en matière de qualité qui sont documentés dans la *Description de Produit du Projet* ;
- **Le contrôle qualité** comprend la planification et le contrôle des techniques et activités opérationnelles permettant la conformité avec les critères qualité des produits, documentés dans le *Registre Qualité* et les enregistrements qualité, d'approbation et d'acceptation.

Les exigences qualité du client décrivent la qualité attendue du produit du projet. Les critères d'acceptation sont les critères que le produit du projet doit satisfaire pour que le client l'accepte. En même temps que les tolérances qualité au niveau projet, la méthode de recette et les responsabilités, ces attentes et ces critères sont consignés dans la *Description de Produit du Projet*.

La *Stratégie Qualité* décrit les techniques qualité et les standards à employer, ainsi que les diverses responsabilités pour parvenir aux niveaux de qualité prévus.

Les *Descriptions de Produit* comportent ce qui est nécessaire pour développer le produit, les critères qualité que le produit doit atteindre, comment et par qui les critères qualité doivent être vérifiés et par qui le produit doit être accepté.

Le *Registre Qualité* renseigne toutes les activités de management de la qualité qui sont planifiées et/ou qui ont été entreprises, les responsabilités de la qualité, les résultats ainsi que les références aux enregistrements qualité respectifs.

8.5 Responsabilités dans le thème Qualité

Pour les responsabilités relevant du thème Qualité, voyez le tableau 8.3 :

Management de l'entreprise ou du programme	Chef de Projet
• Approuve la mise en œuvre de la Stratégie Qualité du programme ou de l'entreprise (SMQ) • Met en œuvre l'Assurance Qualité **Exécutif** • Approuve la Description de Produit • Approuve le SMQ • Confirme l'acceptation du Produit du Projet **Utilisateur Principal** • Fournit les exigences qualité du client • Fournit les Critères d'Acceptation • Approuve la Description de Produit du Projet • Approuve le SMQ • Approuve la Descrition de Produit des principaux produits • Fournit les ressoues Utilisateur pour les activités qualité • Communique vers les parties prenantes Utilisateur • Formalise l'acceptation du produit du projet **Fournisseur Principal** • Approuve la Description de Produit du Projet • Approuve le SMQ • Approuve la méthode, les techniques et les outils qualité • Approuve la Description de Produit des principaux produits • Fournit les ressoues Fournisseur pour les activités qualité • Communique vers les parties prenantes Fournisseur	• Documente les exigences qualité du Client et les Critères d'Acceptation • Prépare la Description de Produit du Projet • Prépare le SMQ • Prépare et actualise les Descriptions de Produits • S'assure que l'Équipe de Projet met en place les contrôles convenus **Chef d'Équipe** • Met en place les contrôles convenus • Fournit des Produits conformes aux Descriptions de Produit • Pilote les contrôles qualité pour les produits des Lots de Travaux • Collecte les Enregistrements Qualité • Informe le Chef de Projet de l'état qualité des produits **Assurance Projet** • Informe le Comité de Pilotage de Projet et le Chef de Projet sur le SMQ • Assiste le Comité de Pilotage et le Chef de Projet dans l'examen des Descriptions de Produits • Conseille au Chef de Projet des Vérificateurs Qualité • Garantit la mise en place de la stratégie au Comité de Pilotage de Projet **Support Projet** • Fournit un support administratif pour les contrôles qualité • Entretient le Registre Qualité et les Enregistrements Qualité • Participe aux processus qualité

Table 8.3 Rôles et responsabilités du thème Qualité

Chapitre 9
Plans

9.1 But

Le but du thème Plans est de faciliter la réalisation, la communication et le contrôle en définissant les moyens de livrer les produits. Le thème des Plans fournit un cadre de travail pour concevoir, développer et mettre à jour les plans du projet.

9.2 Définition des Plans

Un plan est un document décrivant *comment, quand* et *par qui* un objectif spécifique ou un ensemble d'objectifs doivent être réalisés. La planification est l'acte ou le processus d'élaboration et de mise à jour d'un plan.

PRINCE2 préconise trois niveaux de plans pour illustrer les besoins des différents niveaux de management impliqués dans le projet :
- le *Plan de Projet* ;
- le *Plan de Séquence* ; et
- le *Plan d'Équipe*.

En complément, PRINCE2 ajoute le *Plan d'Exception*, qui est prévu pour montrer les actions nécessaires pour rattraper les effets d'une déviation hors des tolérances. Chaque plan découle d'un plan maître. Il y a un *Plan de Séquence d'Initialisation* et il y a des *Plans de Séquence* de livraison.

Le Plan de Projet – est employé comme référentiel par le Comité de Pilotage de Projet pour surveiller le projet séquence par séquence. Le *Plan de Projet* devrait s'appuyer sur le plan d'entreprise ou de programme. Le *Plan de Projet* identifie les étapes et les séquences de management et renseigne coûts et les calendriers associés au projet dans le *Cas d'Affaire*. Le *Plan de Projet* est créé pendant la Séquence d'Initialisation puis est mis à jour à la fin de chaque séquence de management. Le *Plan de Projet* est développé et mis à jour par le Chef de Projet et approuvé par le Comité de Pilotage de Projet.

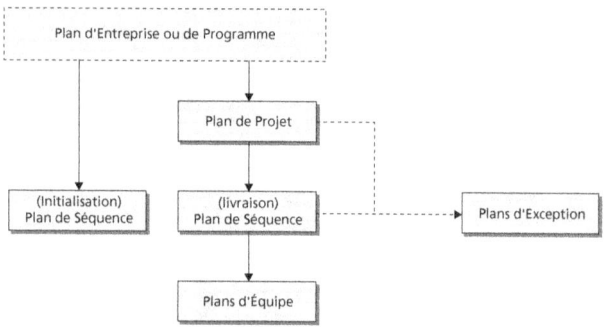

Fig. 9.1 Niveaux de planification de PRINCE2

Le *Plan de Séquence* – est exigé à chaque séquence de management. Sa construction est semblable à celle du *Plan de Projet*. Le *Plan de Séquence* est la base du contrôle quotidien du Chef de Projet. Le plan de la séquence suivante est élaboré avant la fin de la séquence de management en cours. Pour des projets comportant une seule séquence de livraison, le *Plan de Séquence* de livraison peut être incorporé dans le *Plan de Projet*. Le *Plan de Séquence* est développé et mis à jour par le Chef de Projet et est approuvé par le Comité de Pilotage de Projet.

Plan d'Équipe – il est facultatif. Il est créé s'il y a lieu pendant le développement du *Plan de Séquence* maître, ou lors de l'acceptation d'un *Lot de travaux*. Le *Plan d'Équipe* est produit ou modifié par un Chef d'Équipe et est approuvé par le Chef de Projet. PRINCE2 ne décrit pas le format ou la composition d'un *Plan d'Équipe*. Avec des fournisseurs extérieurs, un *Plan d'Équipe* contient souvent un récapitulatif destiné au contrôle. Le Fournisseur Principal est responsable du *Plan d'Équipe*.

Le Plan d'Exception – il remplacera le plan qui est en anomalie et, après approbation, deviendra le nouveau référentiel du *Plan de Projet* ou *Plan de Séquence*. La forme du *Plan d'Exception* reprend celle du plan qu'il remplace. Le *Plan d'Exception* couvre la période restant à courir du plan qu'il remplace et sera approuvé par le niveau supérieur de management.

Si un *Lot de Travaux* est en anomalie le Chef d' Équipe soumet le problème au Chef de Projet. Si le problème peut être résolu dans les tolérances fixées pour la séquence, le Chef de Projet entreprendra les actions correctives en mettant à jour le *Lot de Travaux* et en informant le Chef d'Équipe en conséquence. Il est alors de la responsabilité des Chefs d'Équipe de mettre à jour ou refaire le *Plan d'Équipe* afin d'incorporer les actions exigées pour rattraper les effets des écarts de tolérance.

9.3 L'approche PRINCE2 en matière de Plans

En matière de plans, PRINCE2 commence par l'identification des produits puis définit les actions à mener, identifie les conséquences et le détermine les ressources nécessaires. Ceci est connu sous le nom de Planification basée sur le Produit (voir figure 9.2).

Avant que les plans ne puissent être développés, des décisions doivent être prises quant à leur présentation et leur disposition, quant aux outils de planification, méthodes d'estimation, niveaux de plans et méthodes de surveillance à mettre en œuvre dans le projet. Des différences spécifiques avec les standards de l'entreprise ou du programme doivent être soulignées.

La technique de <u>Planification Basée sur le Produit</u> permet une meilleure définition et une meilleure analyse des produits.

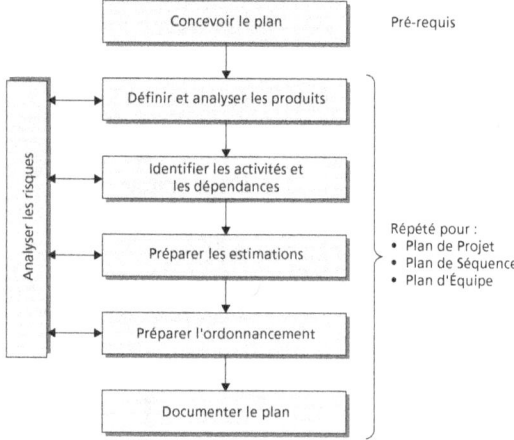

Fig. 9.2 Approche PRINCE2 en matière de plans

Après que les produits aient été identifiés et spécifiés, les activités et leurs dépendances pour réaliser chaque produit doivent l'être à leur tour. En se basant sur ces tâches, des estimations pourront être faites et un planning mis en place. En parallèle, les risques identifiés devraient être analysés. Les activités nécessaires devraient être incorporées. Au final, les documents sont compilés et le plan sera documenté.

9.4 Technique de Planification basée sur le Produit

La technique de planification basée sur le produit comporte quatre parties, comme illustré sur la figure 9.3.

Description de Produit du Projet – Le produit du projet est le résultat final à livrer par le projet. La *Description de Produit du Projet* décrit les produits principaux à livrer par le projet, les produits initiaux dont le produit du projet est dérivé, les compétences de développement requises, les attentes du client en matière de qualité ainsi que les critères d'acceptation, les tolérances du projet, les méthodes de recette et les responsabilités.

L'Utilisateur Principal est responsable des spécifications du produit de projet. En pratique, la *Description de Produit du Projet* est rédigée par le Chef de Projet en accord avec l'Exécutif et l'Utilisateur Principal.

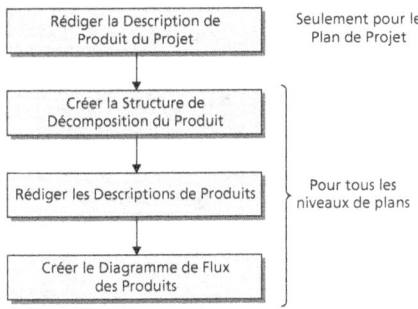

Fig. 9.3 Technique de planification basée sur le Produit

Structure de Décomposition du Produit (SDP) – Le produit de projet est décomposé jusqu'à parvenir à un niveau de détails approprié pour le plan. Un produit de niveau inférieur ne peut être le composant que d'un seul produit de plus haut niveau. Une *SDP* ne devrait contenir aucune boucle. Il faut une *SDP* à chaque séquence séparément. Les produits composés et les produits externes devraient de préférence être distingués par la forme et/ou la couleur, ceci quand les produits externes sont des produits qui existent déjà ou ont été créés ou mis à jour en dehors du cadre du projet.

Chaque produit externe devrait être inscrit dans le *Registre des Risques*. Même les produits externes peuvent nécessiter une description de produit.

Au-delà, on pourrait considérer d'inclure les différents états d'un produit quand les responsabilités ne sont pas les mêmes pour chaque état. Une *SDP* peut être employée pour créer une Structure de Décomposition du Travail.

Description de Produit – elle est obligatoire pour tous les produits identifiés. Une *Description de Produit* est rédigée aussitôt après que le produit a été identifié et il est figée dès que le plan de séquence correspondant a été approuvé. Bien qu'il soit de la responsabilité du Chef de Projet ou du Chef d'Équipe d'écrire les *Descriptions de Produit*, il est sage de faire participer des représentants d'utilisateurs et des experts en la matière. Une spécification détaillée des conditions requises peut être employée comme substitution. Pour de petits projets la *Description de Produit du Projet* peut être suffisante.

Diagramme de Flux des Produits (DFP) – il est requis afin de définir l'ordre dans lequel les produits seront développés et toutes dépendances entre eux. Le DFP peut être créé parallèlement à *SDP*. Un *DFP* se déroule dans une direction seulement et ne devrait contenir aucune boucle. Les produits externes devraient être inclus, mais pas les produits composés.

À l'exception, du produit de départ, du produit final et des produits externes, tous les autres produits, devraient avoir une ou plusieurs relations d'entrée et de sortie. Il est recommandé de commencer le *DFP* à partir d'un seul produit ou à partir de la *DIP*. Le produit final est le Produit du Projet.

Il est recommandé d'inclure les produits de management dans la planification. PRINCE2 distingue les produits de référence, les enregistrements et les rapports (voir la figure 9.4). Dans le *Diagramme de Flux des Produits* prévu, les produits de gestion résultants d'événements devraient être inclus.

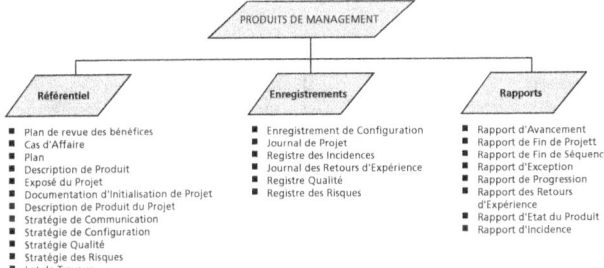

Fig. 9.4 Structure de Décomposition des Produits de Management de PRINCE2

9.5 Les responsabilités dans le thème Plans

Pour les responsabilités intervenant dans le thème des Plans, consultez le tableau 9.1 :

Management de l'Entreprise ou du Programme	Chef de Projet
Management de l'Entreprise ou du Programme • fournit les standards de planification de l'entreprise ou du programme • définit les tolérances du projet dans le mandat • approuve les Plans d'Exception de Projet **Exécutif** • approuve le Plan de Projet • définit les tolérances des séquences • approuve les Plans de Séquences et les Plans d'Exception • engage les ressources de l'Entreprise sur les Plans de Séquence **Utilisateur Principal** • assure que le Plan de Projet et les Plans de Séquence restent cohérents du point de vue de l'Utilisateur • engage les ressources de l'Utilisateur sur les Plans de Séquence **Fournisseur Principal** • assure que le Plan de Projet et les Plans de Séquence restent cohérents du point de vue du Fournisseur • engage les ressources du Fournisseur sur les Plans de Séquence	**Chef de Projet** • développe le Plan de Projet et les Plans de Séquence • conçoit les séquences techniques et de management • élabore les actions correctives quand un Lot de Travaux risque de sortir des tolérances • prépare les Rapports d'Exception pour le Projet ou les Séquences **Chef d'Équipe** • crée et met à jour les Plans d'Équipe • prépare l'ordonnancement des Lots de Travaux • réfère au Chef de Projet lorsque le Lot de Travaux risque de sortir des tolérances **Assurance Projet** • surveille les changements du Plan de projet et leur impact sur le Cas d'Affaire • surveille la progression du projet et des séquences par rapport aux tolérances convenues **Support Projet** • participe au développement des Plans • contribue à l'expertise • référence et stocke les Plans

Table 9.1 Rôles et responsabilités dans le thème Plans

Chapitre 10
Les Risques

10.1 But

Le thème Risque a pour but d'identifier, évaluer et contrôler les incertitudes et en conséquence, d'améliorer les chances de réussite du projet.

La gestion des risques devrait être systématique, concentrée sur l'identification proactive, l'évaluation et la maîtrise des risques. Une gestion des risques efficace est une condition nécessaire du principe de justification permanente de l'affaire.

10.2 Définition des risques

Il est important de distinguer les risques des incidences :
- **Incidence** – un événement survenu qui s'est produit de façon imprévue et qui exige l'attention du management.
- **Risque** – un événement incertain ou un ensemble d'événements qui, s'ils se produisaient, affecteraient la réalisation des objectifs.

Les risques peuvent être séparés en menaces et opportunités :
- **Menace** – un événement incertain qui pourrait avoir un impact négatif sur les objectifs.
- **Opportunité** – un événement incertain qui pourrait avoir un impact positif sur les objectifs.

Un risque peut présenter simultanément des menaces et des opportunités. Pour cette raison, les menaces et les opportunités doivent être gérées entièrement comme des risques.

La gestion des risques est l'application systématique de procédures aux tâches d'identification et d'évaluation des risques puis ensuite la planification et la mise en œuvre des réponses à ces risques. Pour une gestion des risques efficace, les risques devraient être correctement identifiés, évalués et maîtrisés.

PRINCE2 préconise une *Stratégie des Risques* et un *Registre des Risques* pour chaque projet.

10.3 La Stratégie des Risques

Cette stratégie doit découler de la stratégie de gestion des risques et des politiques de l'entreprise ou du programme.

La *Stratégie des Risques* décrit comment la gestion des risques sera intégrée aux activités de gestion du projet. La position du Comité de Pilotage de Projet vis-à-vis des risques est une décision essentielle à consigner dans cette stratégie, c'est en fait ce qui indique la "quantité" de risques considérée comme acceptable, à l'intérieur des tolérances de risque.

De plus, la *Stratégie des Risques* définit les échelles de valeur pour la probabilité, l'impact et la proximité ainsi que les catégories de réponse risque par risque, les signaux d'alerte précurseurs et le budget dévolu aux risques.

10.4 Registre des Risques

Le *Registre des Risques* sert à consigner et mettre à jour les informations sur tous les risques identifiés liés au projet. Le Support Projet mettra à jour spécifiquement le *Registre des Risques* au nom du Chef de Projet. La *Stratégie des Risques* décrira la procédure pour enregistrer les risques et maintenir le *Registre des Risques*.

10.5 Procédures de gestion des Risques

PRINCE2 recommande une gestion des risques comportant les cinq étapes suivantes (voir figure 10.1) :

Fig. 10.1 Procédure de gestion des Risques

Identifier :
- Identification du contexte – obtenir des informations sur le projet afin de comprendre les objectifs spécifiques du projet et formuler la *Stratégie des Risques*.
- Identification des risques – répertorié les différents risques qui peuvent affecter les objectifs du projet. Donner un compte rendu clair et non ambigu de chaque risque en décrivant sa cause, le risque lui-même et l'effet du risque sur les objectifs du projet (voir la figure 10.2).

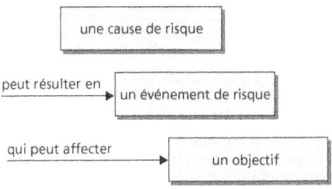

Fig. 10.2 Cause, événement et effet du risque

Préparer des signaux d'alerte précurseurs pour surveiller les aspects critiques du projet. Donner des informations sur les sources potentielles de risques. Évaluer les différentes catégories de risques. Comprendre le point de vue des parties prenantes vis-à-vis des risques spécifiques répertoriés. Affecter les surveillants temporaires des risques. Enregistrer les risques et leurs composants dans le *Registre des Risques.*

Les risques du projet sont ceux qui affectent les objectifs du projet et donc de l'entreprise. Les risques de l'entreprise sont ceux qui ont un effet direct sur les résultats de l'entreprise elle-même.

Apprécier :
- *Estimation* – estimer la probabilité, l'impact et la proximité ainsi que la catégorie de chacun des risques. Souvent, le risque individuel sera présenté suivant un schéma récapitulatif de risque (voir le schéma 10.3). Confirmer l'attribution du surveillant du risque.

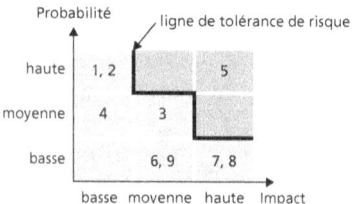

Fig. 10.3 Exemple de profil du risque

- *Évaluation* – évaluer l'effet global de tous les différents risques d'un projet une fois agrégés. Ceci permettra d'évaluer si l'impact des risques agrégés se situe dans les tolérances de risque prévues et donc si le projet s'inscrit toujours dans la justification permanente de l'affaire. L'expression des risques agrégés se fait souvent en valeur monétaire encourue (voir le tableau 10.1), ce qui en définitive détermine généralement la base pour l'attribution du budget de risque.

Risque	Probabilité	Impact	Valeur attendue
A	30%	€ 50.000	€ 15.000
B	60%	€ 25.000	€ 15.000
C	20%	€ 100.000	€ 20.000
Total	Valeur monétaire attendue		€ 50.000

Table 10.1 Exemple de valorisation monétaire.

Planifier :
- Options de réponse – Identifier et évaluer les différentes options de réponse et leurs possibles conséquences pour le projet (voir figure 10.4):

Effet	Réponse aux menaces	Réponse aux opprtunités
haute	Eviter	Exploiter
↑	Réduire / Repli / Transférer	Améliorer
	Partager	
basse	Accepter	Rejeter

Fig 10.4 Réponses aux menaces et opportunités

Éviter : s'assurer que la menace n'existe plus désormais ;
Réduire : action anticipative pour réduire la probabilité ou l'impact ;
Repli : mettre en place un plan de secours (réduction de l'impact) ;
Transférer : reporter sur un tiers responsable (par exemple l'assurance) ;
Partager : choisir une formule "pertes/gains" ;
Accepter : une décision délibérée pour surveiller seulement ;
Exploiter : s'assurer que l'opportunité se produira ;
Améliorer : agir pour augmenter la probabilité ou le profit ;
Rejeter : une décision délibérée pour ne pas agir ;

- inscrire les différentes réponses dans les plans appropriés après l'approbation de celles-ci et des plans par les autorités responsables

Exécuter :
- S'assurer que le rôle et les responsabilités des Surveillants du Risque et des Exécuteurs du Risque ont été attribués, acceptés et correctement compris ;
- S'assurer que les réponses prévues au risque sont mises en place ;
- Surveiller l'efficacité des réponses au risque ;
- Prendre par la suite les mesures correctrices là où les réponses ne correspondent pas aux attentes.

Le Surveillant du Risque est la personne qui est responsable de la gestion, du pilotage et du contrôle de tous les aspects particuliers de ce risque, y compris les mesures en réponse à ce risque. Le surveillant du risque rend compte de celui-ci au Chef de Projet.

L'Exécuteur du Risque est l'individu qui est chargé de mettre en œuvre une réponse spécifique à ce risque. L'Exécuteur du Risque rend compte de celle-ci au Surveillant du Risque.

Communiquer :
- Faire part de l'état des risques à l'Équipe de Projet et aux parties prenantes externes conformément à la *Stratégie de Communication*. Lors de chaque rapport ou réunion, les risques devraient être un point à l'ordre du jour.

10.6 Responsabilités dans le thème Risques

Pour la répartition des responsabilités dans le thème Risques, consultez le tableau 10.2:

Management de l'Entreprise ou du Programme • fournit la politique gestion des risques • fournit un guide de gestion des risques **Exécutif** • approuve la Stratégie des Risques • responsable des Risques Entreprise • réfère les des risques au Management de l'Entreprise ou du Programme **Comité de Pilotage de Projet** • informe le Chef de Projet des risques externes • prend les décisions sur les risques **Utilisateur Principal** • assure que les aspects Utilisateur des risques sont gérés **Fournisseur Principal** • assure que les aspects Fournisseur des risques sont gérés	**Chef de Projet** • élabore la Stratégie des Risques • crée et entretient le Registre des Risques • Responsable du management des risques **Chef d'Équipe** • participe à l'identification, l'évaluation et à la maîtrise des risques **Assurance Projet** • examine les pratiques de management des risques • s'assure de l'alignement avec la stratégie **Support Projet** • aide le Chef de Projet à entretenir le Registre des risques **Surveillant du Risque** • gère un risque individuel **Exécuteur du Risque** • met en œuvre l'action de réponse au risque

Table 10.2 Rôles et responsabilités du thème Risques

Chapitre 11
Changements

11.1 But

Le but du thème Changements est d'identifier, d'évaluer et contrôler toutes les incidences et changements potentiels ou approuvés par rapport au référentiel de départ.

Le but du Contrôle des Incidences et des Changements n'est pas d'éviter les changements. Il s'agit de s'assurer que chaque incidence et changement a été approuvé par l'autorité compétente avant d'être pris en compte. Les changements ont un impact direct sur les *Descriptions de Produits*.

L'établissement d'un système de Gestion de la Configuration approprié qui va enregistrer le référentiel du produit du projet est un pré-requis nécessaire pour un contrôle efficace du changement.

11.2 Définition du Changement

Le Contrôle des Incidences et du Changement (CIC) est la procédure qui vérifie que tous les changements qui peuvent affecter les objectifs du projet sont identifiés, évalués et suivant le cas approuvés, rejetés ou reportés.

Une incidence est un événement imprévu qui s'est produit, et qui requiert une action du management. Un changement est une altération du référentiel, à partir duquel une entité est surveillée et contrôlée. Les changements sont ainsi par définition un sous-produit d'une incidence.

PRINCE2 distingue trois types d'incidences :
- *Requête de changement* – une proposition de changement dans un référentiel ;
- *Hors-spécification* – quelque chose qui devrait être produit par le projet, mais qui actuellement ne l'est pas, ou risque de ne pas l'être ;
- Problème/souci – n'importe quelle autre incidence que le Chef de Projet doit résoudre ou rapporter.

La Gestion de la Configuration (GC) est l'activité technique et administrative afférente à la création, la maintenance et au changement contrôlé d'un Élément de Configuration.

Un *Élément de Configuration* (EC) est une entité qui est assujettie à la gestion de la configuration. Cette entité peut être un composant du produit, ou un ensemble de produits dans une version livrée.

11.3 L'approche PRINCE2 du Changement

Les contrôles du projet relatifs aux incidences et aux changements sont définis et mis en place dans la Séquence d'Initialisation (voir Ch. 13) puis ensuite examinés et mis à jour vers la fin de chaque séquence de management, ne constituant pas en soi la fin du projet.

Les produits de management pour établir et maintenir les contrôles du projet concernant les incidences et les changements sont :
- La *Stratégie de Gestion de Configuration* ;
- Les *Enregistrements de Configuration* ;
- Le *Rapport d'État du Produit* ;
- Le *Journal de Projet* ;
- Le *Registre des Incidences* ;
- Le *Rapport des Incidences.*

La **Stratégie de Gestion de Configuration** définit la façon dont les incidences devraient être traitées. Il s'agit de définir :
- La procédure de gestion de la configuration ;
- La procédure de contrôle de l'incidence et du changement ;
- Les enregistrements à réaliser, les outils et techniques à employer ;
- Comment les performances seront consignées ;
- La chronologie des activités CIC et GC ;
- Les rôles et les responsabilités à l'égard de CIC et GC ;
- Les échelles de priorité et de gravité.

Une échelle largement employée pour la priorité et la sévérité est par exemple l'échelle MoSCoW (en anglais : Must have – Should have – Could have – Won't have for now) ce qui donne en français : Doit avoir – Devrait avoir – Pourrait avoir – N'aura pas pour le moment.

Les **Enregistrements de Configuration** sont l'ensemble des informations qui décrivent les caractéristiques, comme l'état et la version de chaque Élément de *Configuration* et détaillent les relations importantes entre ces Élément*s de Configuration*. Les *Enregistrements de Configuration* sont le plus souvent stockés dans une *Base de Données de Gestion de Configuration* (BDGC).

Un **Rapport d'État du Produit** fournit des informations sur l'état des Élément de Configuration. C'est particulièrement utile si le Chef de Projet souhaite confirmer la version et le statut des Élément*s de Configuration*, par exemple à la fin d'une séquence de management, à la fin du projet, ou comme partie de l'examen des incidences et des risques.

Le **Journal de Projet** est le rapport quotidien du projet pour le Chef de Projet. Dans ce contexte il est utilisé pour enregistrer d'une façon informelle les problèmes/soucis qui peuvent être rencontrés par le Chef de Projet.

Les incidences qui doivent être gérées formellement sont consignées dans le **Registre des Incidences**. Le *Registre des Incidences* devrait être mis à jour et contrôlé par le Chef de projet de façon régulière.

Pour chaque incidence consignée dans le *Registre des Incidences* un **Rapport d'Incidence** devrait être créé. Les *Rapports d'Incidence* devraient être mis à jour et contrôlés en parallèle avec le *Registre des Incidences*. Un *Rapport d'Incidence* contient toutes les informations appropriées concernant cette incidence.

11.4 Procédure de Gestion de Configuration

La Gestion de Configuration comporte normalement cinq étapes :

- **Planification :** décide quels produits seront gérés dans le cadre de la gestion de la configuration formelle, à quel niveau dans la structure de décomposition individuelle du produit les Éléments de Configuration seront pris en compte et gérés, quels attributs des Éléments de Configuration seront enregistrés et comment ce niveau de gestion sera réalisé et maintenu.
- **Identification :** identifie, spécifie et enregistre tous les Éléments de Configuration définis et stocke tous les *Enregistrements de Configuration* dans une BDGC.
- **Contrôle :** être certain que le stockage, la récupération de toutes les informations appropriées, la mise à jour des Éléments de Configuration uniquement après autorisation des changements, l'archivage des anciennes versions des anciens référentiels, assurer la fiabilité et la validité des Éléments de Configuration, et la distribution des copies lorsqu'elles sont autorisées. "Rien ne doit être déplacé ou modifié sans autorisation".
- **Suivi d'état :** consigne toutes les données actuelles et passées concernant les Éléments de Configuration dans un *Rapport d'État du Projet*.

- **Vérification & audit :** compare l'état réel de tous les Éléments de Configuration aux Enregistrements de la Configuration consignés dans le Rapport d'État du Projet. Vérifie l'exécution de la procédure de configuration.

11.5 Procédure de contrôle des Incidences et de maîtrise des Changements

Le contrôle des incidences et des changements comporte normalement lui aussi cinq étapes (voir figure 11.1) :

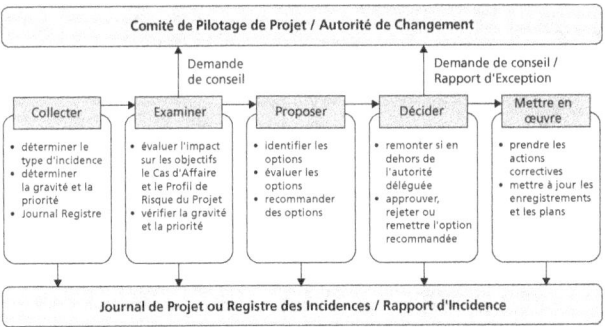

Fig. 11.1 Procédure de contrôle des incidences et de maîtrise des changements

- **Collecter :** détermine si une incidence peut être traitée d'une façon informelle ou non. Détermine le type, la sévérité et la priorité de l'incidence. Enregistre les incidences qui doivent être traitées formellement dans le *Registre des Incidences*. Crée un *Rapport d'Incidence* pour consigner ce que l'on connaît déjà de cette incidence.
- **Examiner :** évalue l'impact sur les objectifs du projet, le profil de risque du projet et le *Cas d'Affaire* du point de vue de l'Entreprise, de l'Utilisateur et du Fournisseur. Contrôle la sévérité et la priorité. Éventuellement, demande un conseil au Comité de Pilotage de Projet.

- **Proposer :** Identifie et évalue les options, en tenant compte des gains-pertes de chaque option dans le respect des intérêts du projet et de ses parties prenantes.
- **Décider :** décide des mesures correctives à mettre en œuvre. Au delà, soumet une *Requête de Changement* à l'autorité de changement concernée. Soumet un *Rapport d'Exception* si les incidences sont susceptibles d'excéder les tolérances convenues.

Le Comité de Pilotage de Projet peut :
- Approuver le changement ou accepter le *Hors- spécification* sans actions correctrices (compromis) ;
- Rejeter le changement ou donner des instructions pour éviter le *Hors-spécification* ;
- Repousser la décision à une date ultérieure ;
- Demander un complément d'information ;
- Donner un conseil à propos d'un problème ou un souci ;
- Demander un *Rapport d'Exception*.

- **Mettre en œuvre :** mettre en place les actions correctrices nécessaires. Créer un *Plan d'Exception* suivant les directives du Comité de Pilotage de Projet.

À chaque étape le *Registre des Incidences* et le *Rapport des Incidence* doivent être mis à jour. La personne qui a découvert l'incidence et, s'il s'agit d'une autre personne, celle qui a écrit le *Rapport d'Incidence*, doivent être informées de son statut.

L'Autorité de Changement. C'est de la responsabilité du Comité de Pilotage de Projet d'examiner et d'approuver les *Requêtes de Changement* et les *Hors-spécification*. Cependant ceci peut se révéler très consommateur en temps. Par ailleurs, une expertise spécialisée et de nombreuses dispositions sont très souvent nécessaires pour prendre les décisions appropriées. En conséquence, il peut être intéressant de déléguer une partie de ces tâches à une personne ou un groupe de personnes qui sera nommé Autorité de Changement.

Pour des modifications mineures, le Chef de Projet peut avoir une délégation de responsabilité. Dans d'autres circonstances, une Commission de Changement (CC) est mise en place.
Quoi qu'il en soit, dans tous les cas ou les incidences risquent d'excéder les tolérances acceptables, elles devraient être portées à la connaissance du Comité de Pilotage de Projet pour examen.

On peut attribuer un **Budget de Changement** à l'Autorité de Changement pour imputer les *Requêtes de Changement* autorisées. Cela évite que les coûts de mise en œuvre des changements ne viennent cannibaliser le budget planifié pour la réalisation du travail du projet. En pratique même sans Autorité de Changement un *Budget de Changement* peut être intéressant pour la gestion du projet.

11.6 Responsabilités dans le thème Changements

Pour les responsabilités relevant du thème du Changement, reportez-vous à la table 11.1:

Management de l'Entreprise ou du Programme	Chef de Projet
• fournit la Stratégie de Configuration de l'entreprise ou du programme **Exécutif** • approuve la Stratégie de Configuration • établit les échelles pour la sévérité et la priorité • détermine le Budget de Changement • répond aux demandes de conseil • prend les décisions sur les incidences **Utilisateur Principal / Fournisseur Principal** • réponde aux demandes de conseil • prend les décisions sur le rapport des incidences **Assurance Projet** • conseil sur la Stratégie de Configuration • conseil sur l'examen et la résolution des incidences • Maîtrise du Changement • Gestion de Configuration • Stratégie de Configuration = SC	• prépare la Stratégie de Configuration • gère les procédures de gestion de configuration et de contrôle des changements avec l'aide du Support de Projet • crée et entretient le Registre des Incidences avec l'aide du Support de Projet • s'assure que les Chefs d'équipes mettent en œuvre la gestion de configuration et la mesure des changements • Mettren en œuvre les actions correctives **Chef d'Équipe** • met en œuvre la gestion de configuration et la mesure des changements • met en œuvre les actions correctives **Support Projet** • entretien les Enregistrements de Configuration • aide le Chef de Projet à entretenir le Registre des Incidences • aide le Chef de Projet pour les procédures de gestion de configuration et de contrôle des changements • Produit les "états de produits"

Table 11.1 Rôles et responsabilités du thème Changements

Chapitre 12
Progression

12.1 But

Le but du thème Progression est d'établir un mécanisme pour piloter et comparer les réalisations actuelles par rapport à ce qui a été planifié ; le but est aussi de fournir une perspective pour les objectifs du projet et la viabilité continue du projet ; enfin contrôler toutes les dérives inacceptables.

Le thème Progression fournit le mécanisme pour la justification continue de l'affaire, la gestion séquence par séquence et le Management par Exception.

12.2 Définition de la Progression

Progression – mesure de la réalisation des objectifs d'un plan.
Tolérance – dérive acceptable des objectifs d'un plan sans avoir à en référer au niveau hiérarchique supérieur.
Exception – situation où l'on prévoit qu'il y aura une dérive au-delà des niveaux de tolérance convenus.

Les contrôles de la Progression s'assurent que pour chacun des niveaux de l'équipe de projet, le niveau de management suivant peut :
- Surveiller la Progression ;
- Comparer la réalisation avec le plan ;
- Revoir les plans et les options face à de futures situations ;
- Détecter les problèmes et identifier les risques ;
- Initialiser des actions correctrices ;
- Autoriser le travail à venir.

12.3 Le Management par Exception

- Le Comité de Pilotage du Projet se réunit uniquement pour discuter des points de décision et fournit entre temps des avis et des directives si nécessaire.
- Le Comité de Pilotage du Projet délègue la tâche d'assurer que le projet est correctement géré à L'Assurance Projet.
- Le Comité de Pilotage du Projet délègue la responsabilité des prises en compte des modifications à l'Autorité de Changement.
- Le Comité de Pilotage de Projet délègue la gestion au quotidien au Chef de Projet à l'intérieur des tolérances définies, avec des *Rapports de Progression* à établir suivant des intervalles convenus.
- Le Chef de Projet établit un *Rapport d'Exception* lorsqu'il est prévu que les niveaux de tolérance convenus vont être dépassés.

12.4 L'approche PRINCE2 de la Progression

PRINCE2 propose le contrôle de la Progression à travers :
- La délégation de l'autorité ;
- La division du projet en séquences de management ;
- Le rapport ou revue périodique ou motivé les événements ;
- La gestion des exceptions.

12.5 La délégation de l'autorité

PRINCE2 reconnait six domaines d'exécution de base à prendre en compte. Des tolérances doivent être définies pour chaque domaine d'exécution et pour chacun des niveaux respectifs de management (voir figure 12.1) :

- Les tolérances de temps, de coûts et de périmètre sont définies dans les *Plans Projet* et *Plan de Séquence* et pour les *Lots de Travaux* respectifs.

- Les tolérances de risque au niveau du Projet sont définies dans la *Stratégie des Risques*. Les tolérances de risque au niveau séquence et équipe sont définies dans les *Plans de Séquence* et dans les *Lots de Travaux*.
- Les tolérances de qualité au niveau du projet sont définies dans la *Description de Produit du Projet*. Les tolérances sur les produits sont définies quant à elles dans leurs Descriptions de Produit respectives.
- Les tolérances en matière de bénéfices attendus sont définies dans le *Cas d'Affaire*.

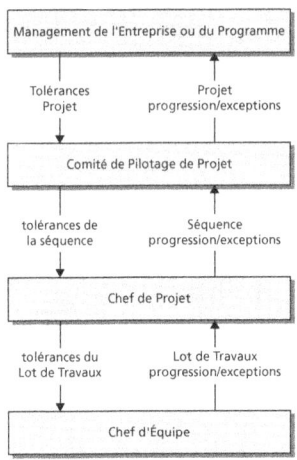

Fig. 12.1 Les quatre niveaux de Contrôle

Les principaux contrôles pour le Comité de Pilotage de Projet sont les :
- **Autorisations** de l'initialisation, du projet et des séquences de livraison comprenant les tolérances de ces séquences.
- **Mise à jour de la Progression** incluant les *Rapports de Progression* et les *Rapports de Fin de Séquence*.
- **Exceptions et Changements** incluant les *Rapports d'Incidence* et les *Rapports d'Exception*.

Les principaux contrôles pour le Chef de Projet sont les :
- **Autorisations** des *Lots de Travaux* et des tolérances à admettre pour ces *Lots de Travaux*.
- **Mise à jour de l'Avancement** incluant les *Rapports d'Avancement* et les réunions d'équipe.
- **Exceptions et Changements** incluant les *Registres* et les *Journaux*.

Les contrôles du projet devraient être documentés dans la *Documentation d'Initialisation de Projet* (DIP), les contrôles de séquence dans le *Plan de Séquence* et les contrôles pour le Chef d'Équipe dans les *Lots de Travaux*.

12.6 Séquences de Management

Les séquences de management sont des subdivisions dans le temps, liées aux décisions "y aller ou non" dans le respect de la poursuite du projet. Les séquences de management s'enchaînent séquentiellement.

Il y a au minimum deux séquences de management dans un projet : la Séquence d'Initialisation et la séquence de livraison. La séquence de livraison peut être découpée en plusieurs séquences de management. La décision du nombre de séquences de management à prévoir dans la Séquence de réalisation est prise lors de la Séquence d'Initialisation.

Les séquences techniques sont des séquences caractérisées par la mise en jeu d'un ensemble d'activités techniques. Des séquences techniques peuvent se chevaucher. En règle générale, le nombre de séquences techniques est supérieur à celui des séquences de management.

Le **nombre** de séquences de management dépend des réponses aux questions :
- Jusqu'à quel niveau est-il raisonnable de planifier ?
- Où les décisions clés doivent être placées dans le projet ?

- Quelle est la somme des risques dans le projet ?
- Préfère-t-on beaucoup de séquences courtes ou peu de séquences longues ?
- Quelle confiance le Comité de Pilotage de Projet et le Chef de Projet attribuent-ils à la démarche de réalisation ?

La **durée** des séquences de management dépend :
- De l'horizon de planification à n'importe quel moment ;
- Des séquences techniques à l'intérieur du projet ;
- De l'alignement avec des activités du programme ou de l'entreprise ;
- Du niveau de risque ;

Si une séquence de management doit se terminer pendant une séquence technique, il est impératif que la séquence technique soit découpée en une partie avant la décision "y aller ou non" et une partie après la décision "y aller ou non" (voir figure 12.2).

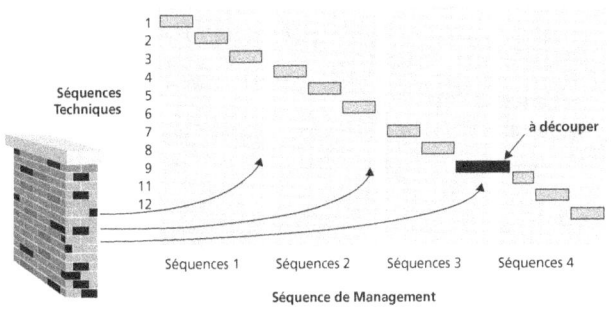

Fig. 12.2 Séquence Technique et de Management

12.7 Contrôles réactifs ou périodiques

PRINCE2 reconnait :
- **Les contrôles réactifs** – motivés par les événements à la fin de chaque Séquence (*Rapport de Fin de Séquence*), à la fin du Projet (*Rapport de Fin de Projet*) ou lorsqu'une exception est soulevée (*Rapport d'Exception*) ;
- **Les contrôles périodiques** – ils ont lieu à des intervalles de temps prédéfinis, comme les *Rapports d'Avancement* et les *Rapports de Progression*.

Les référentiels à utiliser pour contrôler la progression sont :
- **Le Plan de Projet** – il est utilisé par le Comité de Pilotage de Projet pour surveiller la progression du projet séquence par séquence ;
- **Le Plan de Séquence** – il est la base pour le contrôle au quotidien par le Chef de Projet ;
- **Le Plan d'Exception** – il montre les actions à mener pour corriger l'effet d'un écart de tolérance ;
- **Les Lots de Travaux** – autorisés par le Chef de Projet au Chef d'Équipe pour entreprendre les travaux du projet au cours d'une séquence.

Mise à jour de la progression :
- **Le Journal de Projet** – le journal quotidien du Chef de Projet. Il est fort utile pour enregistrer les actions et les problèmes/soucis qui peuvent être traités d'une façon informelle.
- **Le Registre des Incidences et le Rapport des Incidences** – destinés à saisir et gérer les *Requêtes de Changement*, les *Hors-Spécifications* ou autres incidences.

- **Le Rapport d'État du Produit** – il fournit le statut des produits. Il est d'un intérêt tout particulier lorsque le Chef de Projet doit vérifier l'état et les versions des produits.
- **Le Registre Qualité** – il enregistre toutes les activités planifiées et mises en œuvre en matière de qualité et opère comme un indicateur des enregistrements de qualité.
- **Le Registre des Risques** – il enregistre tous les risques identifiés incluant les réponses respectives à ces risques.

Les données informelles sont consignées dans des ***Journaux***. Les données formelles sont consignées dans des ***Registres***.

Collecte et rapport des retours d'expérience :
- **Journal des Retours d'Expérience** – pour consigner les retours d'expérience de projets précédents et les retours d'expérience au cours du projet lui-même.
- **Le Rapport des Retours d'Expérience** – pour consigner les retours d'expérience qui peuvent présenter un intérêt pour d'autres projets. Les *Rapports de Retours d'Expérience* peuvent être envisagés à la fin de chaque séquence et à la clôture du projet.

Rendre compte de la progression
- **Rapports d'Avancement** – réalisé par le Chef d'Équipe à intervalles convenus pour permettre au Chef de Projet de vérifier l'état des *Lots de Travaux*.

- **Rapports de Progression** – réalisé par le Chef de Projet à intervalles convenus pour permettre au Comité de Pilotage de Projet de gérer par exception entre deux évaluations de fin de séquence. Le *Rapport de Progression* peut aussi être envoyé aux autres parties prenantes comme cela a été évoqué dans la *Stratégie de Communication*.
- **Rapports de Fin de Séquence** – réalisé par le Chef de Projet à la fin d'une séquence pour permettre au Comité de Pilotage de Projet de valider la séquence achevée et d'autoriser la poursuite du projet.
- **Rapport de Fin de Projet** – réalisé par le Chef de Projet à la fin du projet pour permettre au Comité de Pilotage de Projet d'évaluer le projet et d'autoriser sa clôture.

12.8 Génération d'Exceptions

Lorsqu'il est envisagé que les tolérances vont être dépassées, les exceptions doivent être signalées au niveau supérieur de management :

- **Exceptions au niveau des Lots de Travaux** – le Chef d'Équipe doit remonter l'incidence au Chef de Projet.
- **Exceptions au niveau d'une Séquence** – le Chef de Projet doit présenter un *Rapport d'Exception* au Comité de Pilotage du Projet.
- **Exceptions au niveau du Projet** – le Comité de Pilotage du Projet doit soumettre le *Rapport d'Exception* au Management du Programme ou de l'Entreprise pour décision.

12.9 Responsabilités dans le thème Progression

Pour l'exercice des responsabilités dans le thème Progression, consultez la table 12.1:

Management de l'Entreprise ou du Programme
- fournit les tolérances projet dans le mandat
- approuve le Plan de Projet et le Plan d'Exception

Exécutif
- fournit les tolérances de la séquence
- approuve le Plan de Séquence ou le Plan d'Exception
- s'assure que la progression vers le résultat souhaité reste conforme aux attentes de l'entreprise
- recommande les actions pour un plan d'exception du projet

Utilisateur Principal
- s'assure que la progression vers le résultat souhaité reste conforme aux attentes de l'Utilisateur

Fournisseur Principal
- s'assure que la progression vers le résultat souhaité reste conforme aux attentes du Fournisseur

Assurance Projet
- vérifie si les changements du Plan de Projet impactent le Cas d'Affaire
- confirme la progression de la séquence ou du projet par rapport aux tolérances convenues

Chef de Projet
- autorise les Lots de Travaux
- vérifie la progression par rapport au Plan de Séquence
- produit les Rapports de Progression et de Fin de Séquence
- produit les Rapports d'Exception
- entretient les Registres et Journaux du projet

Chef d'Équipe
- accepte les Lots de Travaux
- informe le Support Projet sur les activités qualité
- produit les Rapports d'Avancement
- informe le Chef de Projet des prévisions de déviations

Support Projet
- aide à la rédaction des rapports
- apporte son expertise spécialiste
- entretient les Registres sous la responsabilité du Chef de Projet

Table 12.1 Rôles et Responsabilités dans le thème Progression

Chapitre 13
Introduction aux processus PRINCE2

PRINCE2 est une approche de management de projet basée sur les processus. Il existe 7 processus dans PRINCE2, qui couvrent l'ensemble des activités requises pour diriger, gérer et livrer un projet avec succès. Un processus fournit un résultat pour lequel une ou plusieurs entrées sont nécessaires.

Chaque processus est un ensemble d'activités structuré qui permet de parvenir à un objectif spécifique. Ces activités se déclinent en plusieurs actions recommandées conçues pour atteindre un résultat particulier. Les chapitres suivants expliquent les processus de PRINCE2. Chaque chapitre de processus présente un diagramme du processus avec ses éléments spécifiques, comme illustré dans la table 13.1.

Conduire un projet	Processus PRINCE2 (comme Initialiser ou Clore le Projet)
Saisie des retours d'expérience précédents	Activité
Demande d'initialisation du projet	Événement ou décision déclenchant un autre processus
Documentation d'Initialisation Projet	Produits management

Table 13.1 représentations dans les diagrammes Ch. 14 à 20

Les 7 processus sont :
- Élaborer le Projet ;
- Initialiser le Projet ;
- Diriger le Projet ;
- Contrôler une Séquence ;
- Gérer la Livraison des Produits ;
- Gérer une Limite de Séquence ;
- Clore le Projet.

Dans les processus, le projet est vu sous l'angle du Chef de Projet sauf pour les processus Diriger le Projet (point de vue du Comité de Pilotage du Projet) et Gérer la Livraison des Produits (point de vue du Chef d'Équipe), voir figure 13.1.

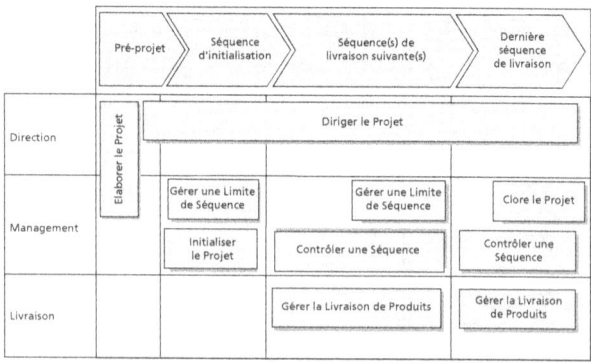

Figure 13.1 Processus PRINCE2

(EP = Élaborer le Projet, IP = Initialiser le Projet, LS = Gérer une Limite de Séquence, CP = Clore le Projet)

Pré-projet

Avant de définir le périmètre global du projet, il est essentiel de vérifier que le projet est valable et viable. Le résultat du processus Élaborer le Projet consiste à établir l'*Exposé du Projet* et un *Plan de Séquence d'Initialisation* du projet. Le Comité de Pilotage de Projet décide alors s'il faut poursuivre.

Séquence d'Initialisation

La séquence d'Initialisation consiste principalement à assembler la *Documentation d'Initialisation de Projet*, qui est examinée par le Comité de Pilotage de Projet (dans le processus Diriger le Projet), afin de décider s'il faut autoriser ou non le projet. Le processus Gérer une Limite de Séquence est utilisé pour planifier la séquence suivante en détail.

Séquences de livraison suivantes

Le Comité de Pilotage de Projet délègue le contrôle quotidien au Chef de Projet suivant un découpage séquence par séquence. Le Chef de Projet s'assure que l'avancement est conforme au(x) *Plan(s) de Séquence(s)* et que le travail requis est fait par l'équipe (processus Contrôler une Séquence). L'équipe accepte et exécute les *Lots de Travaux* qui lui sont assignés (processus Gérer la Livraison des Produits). Vers la fin de chaque séquence le Chef de Projet prépare le *Plan de la Séquence* suivante et demande au Comité de Pilotage de Projet l'autorisation de continuer suivant le *Plan de Séquence* qu'il vient d'établir (processus Gérer une Limite de Séquence).

Séquence de livraison finale

Après la réalisation et l'approbation de tous les produits, le Chef de Projet démantèlera le projet. Quand les destinataires des produits du projet sont à même de les utiliser et de les maîtriser au quotidien, les produits sont transférés à l'exploitation et le projet peut être terminé. Les activités pour démanteler le projet sont décrites par le processus *Clore le Projet*.

Chapitre 14
Élaborer le Projet

14.1 But

Le processus Élaborer le Projet vérifie que les pré-requis pour le processus Initialiser le Projet sont remplis en répondant à la question : le projet peut-il être considéré comme viable et valable ? Le processus Élaborer le Projet est un processus beaucoup plus léger comparé à celui beaucoup plus détaillé et minutieux qu'est le processus Initialiser le Projet. Le but est de faire le minimum nécessaire afin de déterminer s'il est opportun d'initialiser le projet.

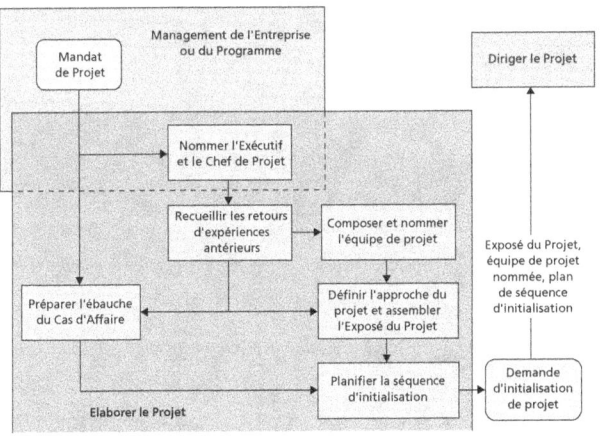

Figure 14.1 Processus Élaborer le Projet

14.2 Objectif

Le processus Élaborer le Projet permet de s'assurer que :
- Il y a une justification d'entreprise pour le projet et que les autorités compétentes pour initialiser ce projet existent.
- On dispose de suffisamment d'information pour définir et confirmer le périmètre et l'*Approche du Projet* .
- Les personnes qui vont réaliser la séquence d'initialisation ou qui vont avoir un rôle significatif de management dans le projet sont nommées.
- Le travail à faire pour l'initialisation est planifié.
- On ne perd pas de temps avec un projet basé sur des hypothèses douteuses.

14.3 Contexte

Le déclencheur du projet est nommé *Mandat de Projet* (voir Glossaire). Il est fourni par le management de l'entreprise ou du programme, comme indiqué figure 14.1. Le mandat est analysé pour développer l'*Exposé du Projet* (voir l'Annexe A 19 et le Glossaire). Le but est de fournir au Comité de Pilotage de Projet l'information suffisante pour décider s'il y a lieu d'initialiser le projet. L'*Exposé du Projet* sera affiné et développé dans la *Documentation d'Initialisation de Projet* (créé dans le processus Initialiser le Projet).

14.4 Activités et actions préconisées

Les activités du processus Élaborer le Projet seront généralement partagées entre le management de l'entreprise ou celui du programme, l'Exécutif ou le Chef de Projet.

Nommer l'Exécutif et le Chef de Projet
Il est nécessaire d'avoir un responsable disposant de l'autorité appropriée et une personne gérant le projet au quotidien avant de faire quoi que ce soit dans le projet. Les actions suivantes sont recommandées :
- Examiner le *Mandat de Projet* et s'assurer qu'il est compris ;
- Nommer l'Exécutif ;
- L'Exécutif nomme le Chef de Projet ;
- Créer le *Journal de Projet*, comme support de l'information du projet.

Recueillir les Retours d'Expérience antérieurs
Les projets ou programmes antérieurs peuvent produire des enseignements très utiles sur les processus, les techniques ou les estimations pour le projet. Les actions suivantes sont recommandées :
- Créer le *Journal des Retours d'Expérience*.
- Examiner les retours d'expérience provenant de projets similaires terminés, du management de programme, du management de l'entreprise ou d'organisations externes afin d'identifier lesquels peuvent être utiles au projet.
- Consulter des personnes ayant une expérience sur des projets semblables.
- Consigner tous les retours d'expérience identifiés dans le *Journal des Retours d'Expérience*.

Composer et nommer l'Équipe de Projet
Le projet a besoin des personnes adéquates pour prendre les décisions de façon opportune et a besoin d'une Équipe de Projet qui reflète les intérêts des parties impliquées. Les actions suivantes sont recommandées :
- Examiner le *Journal des Retours d'Expérience* pour les points relatifs à la structure de l'Équipe de Projet.
- Concevoir l'Équipe de Projet en incluant les descriptions des rôles, la structure et en prenant en compte toutes les combinaisons de rôles possibles.
- Nommer l'Équipe de Projet.

- Estimer la durée et la charge pour chacun des rôles et identifier les candidats.
- Vérifier la disponibilité de chaque candidat et sa compréhension du rôle puis affecter les personnes sélectionnées.
- Si des risques ont été identifiés, les ajouter au *Journal de Projet*.

Préparer l'ébauche du Cas d'Affaire

Une question cruciale pour le projet est : POURQUOI a-t-on besoin du projet ? Un aperçu du *Cas d'Affaire* est alors bienvenu. Si le projet fait partie d'un programme, le *Cas d'Affaire* peut déjà avoir été défini au niveau du programme. Les actions suivantes sont recommandées :
- Esquisse par l'Exécutif de l'Ébauche *du Cas d'Affaire* à partir de ce qui est actuellement connu sur le projet.
- Le Chef de Projet consulte l'Exécutif et de l'Utilisateur Principal afin de définir ce que le projet doit produire et crée la *Description de Produit du Projet* (voir annexe A).
- Examen des risques consignés dans le *Journal de Projet* et récapitulation dans l'ébauche du *Cas d'Affaire* des risques clés affectant la viabilité du projet.

Définir l'approche projet et assembler l'Exposé du Projet

Avant qu'aucune activité de planification ne soit entreprise, on doit décider de l'approche à mettre en œuvre. Un *Exposé du Projet* approuvé assure un point de départ compris de tous et bien défini. Les actions suivantes sont recommandées :
- Évaluer les solutions de livraison possible et décider de l'approche appropriée pour livrer le produit du projet et réaliser l'ébauché du *Cas d'Affaire.*
- Assembler l'*Exposé du Projet* en confirmant et intégrant les produits des activités antérieures dans ce processus et en identifiant les contraintes, hypothèses, tolérances du projet, utilisateurs et toutes les autres parties et les interfaces, que le projet doit maintenir.

Planifier la séquence d'initialisation

L'initialisation d'un projet doit être planifiée et approuvée car cela requiert du temps et de l'énergie. Si ce n'est pas fait, on risque mener une initialisation insuffisamment structurée et sans but précis. Les actions suivantes sont recommandées :

- En se basant sur l'approche choisie, décider quels contrôles suffisent pour que le projet soit initialisé.
- Identifier les contraintes en termes de temps et de coût pour la *Séquence d'Initialisation* et établir le *Plan de Séquence d'Initialisation*.
- Examiner les risques dans le *Journal de Projet* et mesurer leur impact sur le *Plan de Séquence* pour la séquence d'initialisation.
- Identifier tout risque et mettre à jour le *Journal de Projet*.
- Demander l'autorisation d'initialiser le projet.

Chapitre 15
Diriger le Projet

15.1 But

Le processus Diriger le Projet a pour but de permettre au Comité de Pilotage de Projet de s'assurer de la réussite du projet en prenant les décisions clés et en exerçant un contrôle global tout en déléguant au Chef de Projet la gestion du projet au quotidien.

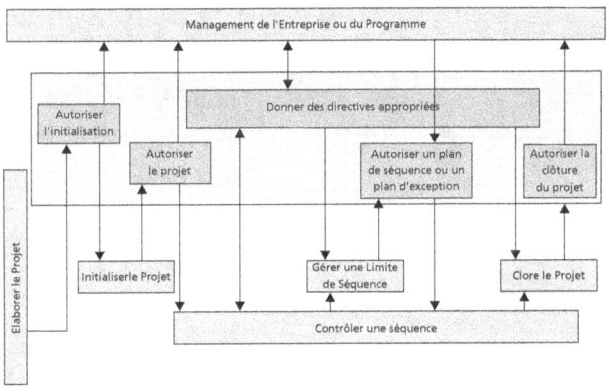

Figure 15.1 Vue d'ensemble du processus Diriger le Projet

15.2 Objectif

Le processus Diriger le Projet a pour objectif de s'assurer que :
- Il existe une autorité pour initialiser le projet, pour livrer les produits du projet, et pour clore le projet.
- La direction et le contrôle sont assurés tout au long du projet et le projet reste viable.

- Le management du programme ou de l'entreprise dispose d'une interface avec le projet.
- Les plans pour la réalisation des bénéfices du projet sont gérés et révisés.

15.3 Contexte

Le processus Diriger le Projet examine le projet du point de vue du Comité de Pilotage de Projet, il est déclenché par la demande du Chef de Projet d'initialiser le projet, comme présenté fig. 15.1. Le Comité de Pilotage de Projet gère par exception, il est informé par le Chef de Projet par le biais de rapports et contrôles sur la situation. Le Comité de Pilotage de Projet communique aussi avec le management de l'entreprise ou du programme et garantit la pérennité de la justification pour l'entreprise. Le Comité de Pilotage de Projet et le Chef de Projet devraient non seulement communiquer de manière formelle mais aussi informelle lorsque cela est nécessaire.

15.4 Activités et actions préconisées

Autoriser l'initialisation

Au cours de cette activité, le Comité de Pilotage de Projet s'assure que l'investissement à faire est justifié. Les actions suivantes sont recommandées :

- Examiner et approuver l'*Exposé du Projet* incluant la *Description de Produit du Projet* et le *Plan de Séquence d'Initialisation*.
- Vérifier que l'ébauche du Cas d'Affaire aboutit à un projet viable.
- Informer les parties prenantes et les lieux d'accueil que le projet est en cours d'initialisation et rechercher du support.
- Autoriser le Chef de Projet à procéder à l'initialisation.

Autoriser le projet

Cette activité sera déclenchée lors d'une demande du Chef de Projet pour l'autorisation de réaliser le projet et devrait être menée en parallèle avec l'autorisation d'un *Plan de Séquence* ou d'un *Plan d'Exception*. Les actions suivantes sont recommandées :

- Examiner et approuver la DIP (*Documentation d'Initialisation de Projet*) et le *Plan de Revue des Bénéfices.*
- Signaler au management de l'entreprise ou du programme ainsi qu'aux autres parties intéressées que le projet a été autorisé.
- Autoriser le Chef de Projet à livrer le projet ou à le clore prématurément.

Autoriser une Séquence ou un Plan d'Exception

Lorsqu'une séquence est presque achevée, le Comité de Pilotage de Projet est sollicité en vue d'autoriser le plan de la séquence suivante. Lorsqu'une exception s'est produite, le Comité de Pilotage de Projet peut demander au Chef de Projet d'établir un *Plan d'Exception* pour examen. Les actions suivantes sont recommandées :

- Examiner et approuver le *Rapport de Fin de Séquence.*
- Examiner et approuver le *Plan de Séquence* ou le *Plan d'Exception.*
- Autoriser le Chef de Projet à poursuivre avec les plans à disposition.
- Approuver le plan et autoriser le Chef de Projet à procéder.
- Communiquer l'État du P*rojet* au management de l'entreprise ou du programme.

Donner des directives appropriées

Les membres du Comité de Pilotage de Projet peuvent donner des orientations informelles ou répondre à des demandes d'avis à tout moment au cours du projet. Les occasions pour de telles actions peuvent être :

- Des demandes d'avis informels ou de directives.
- Un *Rapport d'Incidence.*
- Un *Rapport d'Exception.*
- La réception d'un *Rapport de Progression.*

- Des conseils et des décisions du management de l'entreprise ou du programme.

Les réponses du Comité de Pilotage de Projet peuvent être :
- Assister le Chef de Projet comme il le demande.
- Prendre la décision dans les limites de la délégation.
- Reporter la décision ou demander davantage d'information.
- Demander au Chef de Projet d'établir un *Plan d'Exception* ou de terminer prématurément le projet.
- Rechercher l'avis du management de l'entreprise ou du programme.
- Tenir informée l'Équipe de Projet et/ou le management de l'entreprise ou du programme.

Autoriser la clôture du projet

Chaque projet doit se terminer et à ce moment là, le Comité de Pilotage de Projet doit vérifier si les objectifs ont été atteints, de combien le projet à dévié par rapport à son référentiel ou si le projet n'a rien de plus à apporter. Les actions suivantes sont recommandées :
- Examiner les versions de référence et actuelle de la *Documentation d'Initialisation de Projet* et le *Plan de Projet.*
- Examiner et approuver le *Rapport de Fin de Projet.*
- S'assurer que la revue des bénéfices post-projet couvre la performance du projet et les éventuels effets secondaires.
- Examiner le *Plan de Revue des Bénéfices* actualisé puis le faire approuver par le management de l'entreprise ou du programme.
- Confirmer la mise à jour du *Cas d'Affaire.*
- Réviser et éditer une *Notification de Clôture du Projet.*

Chapitre 16
Initialiser le Projet

16.1 But

Le processus Initialiser le Projet a pour but d'établir une base solide pour le projet, et de permettre à l'organisation de mieux comprendre le travail à réaliser pour livrer les produits du projet, avant d'engager une dépense significative.

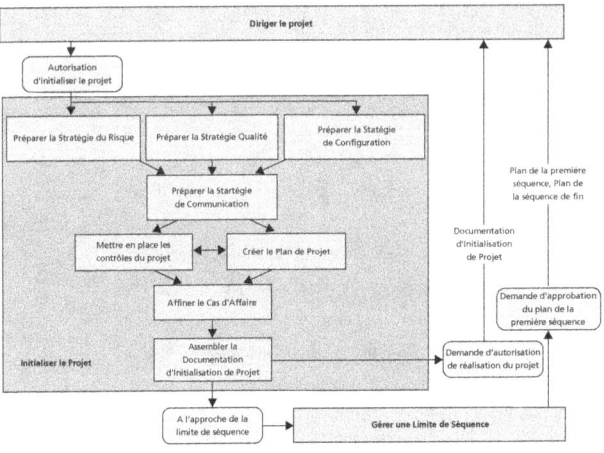

Figure 16.1 Vue d'ensemble du processus Initialiser le Projet

16.2 Objectif

L'objectif du processus Initialiser le Projet est de s'assurer qu'il y a une parfaite compréhension des points suivants :
- Pourquoi a-t-on besoin du projet, quels sont les bénéfices attendus et les risques encourus ?

- Quels sont les produits à livrer, quel est le périmètre de ce qui est à faire ?
- Ce qui doit être livré comment, quand et à quel prix ?
- Qui est impliqué dans la prise de décision sur le projet ?
- Comment parvenir à la qualité demandée ?
- Comment les référentiels seront établis et contrôlés ?
- Comment les risques, les incidences et les changements seront identifiés, évalués et contrôlés ?
- Comment la progression sera pilotée et contrôlée ?
- Qui a besoin de quelle information, et quand ?
- Comment la méthode de management de projet de l'entreprise sera ajustée aux besoins du projet ?

16.3 Contexte

Ce processus décrit comment le Chef de Projet établit les bases assurant la réussite du projet. Ainsi, toutes les parties doivent adhérer sur quoi, comment, quand et pourquoi.

Le processus permet au Comité de Pilotage de Projet d'autoriser la poursuite du projet. Sans quoi, il peut se trouver dans la situation d'engager des ressources financières significatives sans entièrement comprendre comment les objectifs du projet seront réalisés.

Le Chef de Projet établira l'ensemble des *Produits de Managements* nécessaires au contrôle du Comité de Pilotage de Projet. Voir la figure 16. 1.

16.4 Activités et actions préconisées

Préparer la Stratégie des Risques, la Stratégie de Configuration, la Stratégie Qualité

Ces trois stratégies décrivent les buts, les procédures, les responsabilités et les outils pour les sujets correspondants (voir *Modèles de Description*

de Produit pour les stratégies aux annexes A.6, A.22 et A.24 ou encore le Glossaire à l'Annexe D). Les actions suivantes sont recommandées :
- Examiner l'*Exposé du Projet* pour comprendre comment les stratégies de management de l'entreprise ou du programme devront être appliquées.
- Rechercher des retours d'expérience.
- Passer en revue les journaux et registres pour les incidences et les risques.
- Définir les *Stratégie des Risques*, *Stratégie de la Configuration* et *Stratégie Qualité*, incluant les procédures, outils et techniques, rôles et responsabilités.
- Consulter l'Assurance Projet afin de vérifier si les stratégies satisfont les besoins de l'entreprise ou du programme.
- Créer le *Registre des Risques*, l'*Enregistrement de Configuration* initial, le *Registre des Incidences* et le *Registre Qualité* (voir Annexes A.5, 12, A.23 et A.25).
- Demander l'approbation du Comité de Pilotage de Projet.

Préparer la Stratégie de Communication

La *Stratégie de Communication* est mise au point en dernier car elle peut nécessiter d'inclure des exigences requises par les trois autres stratégies (voir Annexe A.4).). Les actions suivantes sont recommandées :
- Revoir l'*Exposé du Projet* pour déterminer si les stratégies de management de l'entreprise ou du programme ont besoin d'être appliquées.
- Rechercher des retours d'expérience.
- Passer en revue le *Registre des Risques* et le *Journal de Projet* pour les incidences et les risques.
- Identifier et/ou examiner les parties prenantes puis les consulter à propos de leurs besoins d'information.
- Définir la *Stratégie de Communication* en incluant la procédure de communication, les outils et techniques, les rôles et responsabilités et l'analyse des parties prenantes.

- Consulter l'Assurance Projet afin de vérifier si les stratégies satisfont les besoins de l'entreprise ou du programme.
- Demander l'approbation du Comité de Pilotage de Projet.

Mettre en place les contrôles du projet

Les niveaux de contrôle requis entre le Comité de Pilotage de Projet, le Chef de Projet et le Chef d'Équipe doivent être fixés avant le démarrage du projet. Beaucoup de contrôles peuvent avoir été définis par les stratégies, mais pas nécessairement mis en place, aussi l'ensemble doit-il être cohérent. Les actions suivantes sont recommandées :

- Concernant les contrôles, revoir l'*Exposé du Projet* pour comprendre si les stratégies de management de l'entreprise ou de programme, les normes ou les pratiques doivent être adaptées à PRINCE2.
- Examiner les 4 stratégies de Management pour identifier quels contrôles doivent être prévus.
- Chercher des retours d'expérience d'anciens projets ou programmes, du management de l'entreprise ou ceux déjà dans consignés le *Journal des Retours d'Expérience.*
- Confirmer les tolérances du projet ainsi que les procédures de compte-rendu.
- Résumer les contrôles du projet.
- Consulter l'Assurance Projet pour évaluer les contrôles du projet.
- Mettre à jour le *Registre des Risques*, le *Registre des Incidences* et/ou le *Journal de Projet*.
- Demander l'approbation du Comité de Pilotage du Projet.

Créer le Plan de Projet

Les délais et les besoins en ressource sont nécessaires pour permettre le contrôle du Comité de Pilotage de Projet et la finalisation du *Cas d'Affaire*. Le Chef de Projet devrait mener cette activité avec la participation active du (des) utilisateur(s) et du (des) fournisseur(s). Les actions suivantes sont recommandées :

- Examiner l'*Exposé de Projet* et chercher des retours d'expérience.
- Passer en revue le *Registre des Risques* et le *Registre des Incidences* pour les risques et incidences pouvant affecter le planning.
- Décider de la forme et de la présentation du *Plan du Projet*.
- Identifier tous les outils de planification et de contrôle à utiliser.
- Choisir la méthode d'évaluation.
- Revoir les 4 stratégies de Management pour déterminer les ressources et coûts du projet.
- Créer une *Structure de Décomposition du Produit*, un *Diagramme de Flux des Produits* et les *Descriptions de Produit* (voir chapitre 9 Plans et voir annexe C pour des exemples).
- Vérifier si la *Description de Produit du Projet* doit faire l'objet d'une mise à jour.
- Créer ou actualiser les *Enregistrements de Configuration* pour chaque produit à livrer (voir Annexe A.5).
- Identifier et confirmer les ressources requises.
- Identifier l'effort requis par les contrôles du projet et l'inclure dans le plan.
- Identifier les risques relatifs au plan et documenter le *Plan de Projet* (voir Annexe A.16 Description du Produit Plan).
- Demander l'approbation du Comité de Pilotage de Projet.

Finalisation du Cas d'Affaire

L'ébauche du *Cas d'Affaire* doit être complétée des estimations de durée, coût et risques. Le *Cas d'Affaire* détaillé est nécessaire pour permettre au Comité de Pilotage de Projet de décider si le projet est et reste viable. Les actions suivantes sont recommandées :

- Examiner l'*Exposé de Projet* et chercher des retours d'expérience.
- Détailler le *Cas d'Affaire* (voir Annexe A.2).
- Créer le *Plan de Revue des Bénéfices* (voir Annexe A.1).
- Demander l'approbation du Comité de Pilotage de Projet.

Assembler la Documentation d'Initialisation de Projet.
Toutes les informations de type "quoi, pourquoi, qui, quand, où, comment et combien" nécessaires aux principales parties prenantes et autres parties impliquées sont réunies dans la Documentation d'Initialisation de Projet.

Chapitre 17
Contrôler une Séquence

17.1 But

Le processus Contrôler une Séquence a pour but de déterminer le travail à effectuer, piloter ce travail, traiter les incidences, rapporter la progression au Comité de Pilotage de Projet, et prendre les mesures correctives pour que la séquence reste dans les tolérances convenues.

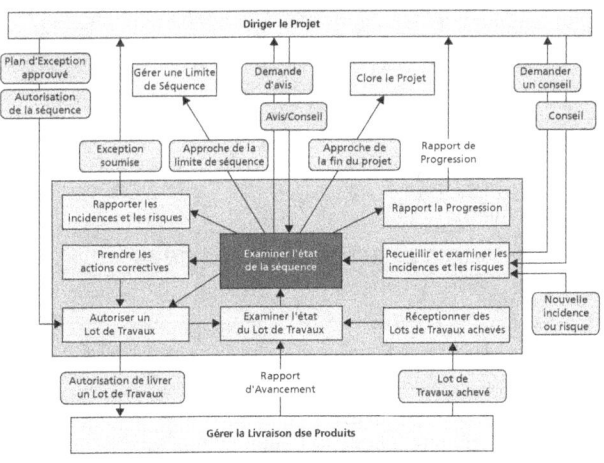

Figure 17.1 Vue d'ensemble du processus Contrôler une Séquence

17.2 Objectif

Contrôler une Séquence à pour objectif est de s'assurer que :
- L'attention reste focalisée sur la livraison des produits de la séquence et que tout changement non contrôlé (glissement hors périmètre) est évité.

- Les risques et incidences restent sous contrôle.
- Le *Cas d'Affaire* est gardé sous surveillance.
- Les produits de la séquence sont livrés dans les limites de coût, d'effort, de délai et de qualité prévus et qu'ils permettent la réalisation des bénéfices attendus.
- L'Équipe de Projet est concentrée sur la livraison dans les limites de tolérances qui ont été fixées.

17.3 Contexte

Ce processus décrit le travail du Chef de Projet au quotidien pendant chaque séquence.

Lorsque le Chef de Projet remplit le rôle de Chef d'Équipe, le rôle de Chef d'Équipe peut être considéré comme celui d'un simple membre de l'équipe. Vers la fin de chaque séquence – sauf pour la séquence finale – le processus Gérer une Limite de Séquence sera évoqué. A la fin de la dernière séquence c'est le processus Clore le Projet qui interviendra. Voir figure 17.1.

17.4 Activités et actions préconisées

Le processus Contrôler une Séquence se compose des activités liées aux *Lots de Travaux*, de celles liées au pilotage et au compte rendu des incidences liées à ces activités.

Autoriser un Lot de Travaux

Il serait chaotique de laisser les personnes chargées du projet démarrer des activités comme bon leur semble. Il est donc important que le travail ne commence ou ne se poursuive qu'avec le consentement du Chef de Projet. Le *Lot de Travaux* est l'outil principal de cette démarche (voir Annexe A.26). Le Chef de Projet autorisera un *Lot de Travaux* quand il rencontrera l'un ou l'autre de ces déclencheurs : autorisation d'une *Séquence*, approbation d'un *Plan d'Exception*, nouveau *Lot de Travaux* nécessaire,

action correctrice en réponse à une incidence ou un risque.
Les actions suivantes sont recommandées :
- Examiner le *Plan de Séquence* en cours et apprécier les produits, le coût, l'effort et les tolérances.
- Examiner la *DIP* pour apprécier les contrôles nécessaires, les standards de qualité et les modalités de livraison des produits.
- Définir les *Lots de Travaux*.
- Examiner le *Lot de Travaux* avec le Chef d'Équipe et s'assurer que ce dernier l'accepte.
- Examiner le *Plan d'Équipe* du Chef d'Équipe et mettre à jour le *Plan de Séquence* pour les délais.
- Mettre à jour le *Registre Qualité* et les *Enregistrements de Configuration* ainsi que si nécessaire le *Registre des Risques* et le *Registre des Incidences*.

Examiner l'état d'un Lot de Travaux

Une évaluation régulière du *Lot de Travaux* est nécessaire. La fréquence de ce contrôle est prévue dans le *Lots de Travaux* concerné. Les actions suivantes sont recommandées :
- Recueillir et analyser l'information de progression à partir du *Rapport d'Avancement* du *Lot de Travaux* concerné.
- Si nécessaire, mettre à jour le *Registre des Risques* et le *Registre des Incidences*.
- Mettre à jour le *Plan de Séquence* pour la séquence en cours.

Réceptionner des lots de Travaux achevés

Une fois que le *Lot de Travaux* est terminé, il doit y avoir une confirmation de son achèvement. Les actions suivantes sont recommandées:
- Vérifier que le travail prévu dans le *Lot de Travaux* est effectué et que le *Registre Qualité* est à jour.
- S'assurer que chaque produit du *Lot de Travaux* est accepté et que l'*Enregistrement de Configuration* correspondant a été mis à jour.
- Mettre à jour le statut du *Lot de Travaux* dans le *Plan de Séquence*.

Examiner l'état de la séquence

Pour éviter toute perte de contrôle de la séquence, une vérification régulière de ce qui s'est passé ou de ce qui aurait dû se passer est nécessaire. Les actions suivantes sont recommandées :

- Passer en revue l'avancement de la séquence en vérifiant les *Rapports d'Avancement*, les prévisions, l'état réel, les incidences qualité, le *Registre des Risques*, l'état de toute action corrective et la disponibilité des ressources.
- Après analyse des éléments ci-dessus, décider si des actions doivent être entreprises, par exemple Autoriser un Lot de Travaux, rendre compte de l'avancement, référer les incidences et les risques, mener des actions correctives, demander conseil au Comité de Pilotage de Projet ou consigner des retours d'expérience.
- Mettre à jour le *Plan de Séquence*, le *Registre des Risques* et le *Registre des Incidences*.
- Examiner s'il y a lieu de vérifier les retours d'expérience.
- Si la fin de la Séquence est proche, commencer à préparer la suivante (Gérer une Limite de séquence).
- Si la fin du projet est proche, commencer à préparer le processus Clore le Projet.

Rapporter la progression

Le Chef de Projet doit informer le Comité de Pilotage de Projet et les autres parties prenantes de l'état d'avancement du *Projet* et de la séquence. La *Stratégie de Communication* fixe la fréquence d'établissement du *Rapport de Progression* (voir Annexe A.11). Les actions suivantes sont recommandées :

- Collecter l'information nécessaire à partir des *Rapports de Progression*, du *Registre des Risques*, du *Registre des Incidences*, du *Registre Qualité*, du *Journal des Retours d'Expérience*, du *Rapport d'État du Produit* et de toute révision du *Plan de Séquence* pour la période actuelle de collecte.

- Rédiger une liste des *Actions Correctives* décidées durant la période de collecte.
- Passer en revue le *Rapport de Progression* pour les précédentes périodes de collecte.
- Rédiger le *Rapport de Progression* pour la période actuelle de collecte.
- Effectuer la diffusion comme prévu dans la *Stratégie de Communication*.

Recueillir et analyser les Incidences et les Risques

Des incidences diverses peuvent survenir de façon prévisible.
Il est donc nécessaire d'enregistrer les incidences de façon cohérente avant d'examiner leurs conséquences. Les actions suivantes sont recommandées :

- Si le Chef de Projet peut traiter l'incidence de manière informelle, rédiger une note dans le *Journal de Projet*.
- Pour des incidences nécessitant un traitement plus formel, vérifier la *Stratégie de Configuration* pour les procédures à suivre, consigner l'*Incidence* dans le *Registre des Incidences*, la catégoriser et évaluer sa sévérité, son urgence et son impact. Créer un *Rapport d'Incidence* rapporter l'état de l'incidence et s'il y a lieu informer les parties externes de sa survenance (voir Chapitre 11 Changements).
- Pour les risques, vérifier la *Stratégie des Risques*. Consigner le risque dans le *Registre des Risques*, identifier l'événement à l'origine du risque, ses causes et son effet. Évaluer le risque vis-à-vis des *Plans* et du *Cas d'Affaire* et planifier la réponse choisie. Rapporter l'état du risque et si nécessaire informer les parties externes de son existence. (Voir Chapitre 10 Risques).
- Si nécessaire mettre en œuvre l'action correctrice et demander conseil auprès du Comité de Pilotage de Projet ou faire remonter l'incidence ou le risque et réviser l'état de la séquence.

Remonter les Incidences et les Risques

Cette action s'applique à toutes les déviations d'incidences ou de risques qui ne rentrent pas dans les tolérances fixées par le Comité de Pilotage de Projet. Les actions suivantes sont recommandées :

- Examiner le *Plan de Séquence* et le *Plan de Projet* et extrapoler ce qui arriverait si l'on autorisait la poursuite de la déviation.
- Définir les options de correction et les évaluer vis à vis du *Plan de Séquence* actuel et du *Cas d'Affaire*.
- Décrire la situation, les options et la (les) action(s) préconisée(s) au Comité de Pilotage de Projet dans un *Rapport d'Exception* (voir Annexe A.10).

Mener des actions correctives

Cette action s'applique à toutes les déviations d'incidences ou risques qui peuvent être résolues dans les tolérances fixées par Comité de Pilotage de Projet. Les actions suivantes sont recommandées :

- Collecter toute information sur la déviation.
- Identifier et sélectionner les options applicables à une déviation.
- Si nécessaire autoriser un *Lot de Travaux* et mettre à jour les *Enregistrements de Configuration* des produits.
- Mettre à jour le *Rapport d'Incidence*, le *Registre des Incidences* et/ou le *Registre Risques* avec la (les) modification(s) résultant de l'action correctrice.
- Mettre à jour le *Plan de Séquence* en cours.

Chapitre 18
Gérer la Livraison des Produits

18.1 But

Le but du processus Gérer la Livraison des Produits est de contrôler le lien entre le Chef de Projet et le(les) Chef(s) d'Équipe en introduisant des exigences formelles sur la manière d'accepter, de réaliser ou de livrer le travail du projet.

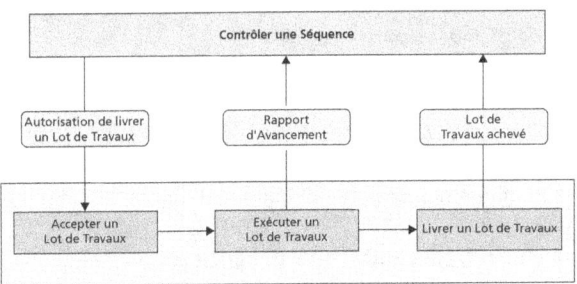

Figure 18.1 Vue d'ensemble du processus Gérer la Livraison des Produits

18.2 Objectif

L'objectif du processus Gérer la Livraison des Produits est de s'assurer que :
- Le travail assigné à l'équipe est autorisé et accepté.
- Les personnes impliquées dans une équipe sont d'accord sur les produits, sur l'effort à fournir, le coût et les délais.
- Les produits planifiés sont livrés conformément aux attentes et tolérances.

- L'information précise de l'avancement est donnée au Chef de Projet suivant une fréquence convenue.

18.3 Contexte

Ce processus considère le projet du point de vue du Chef d'Équipe, comme illustré figure 18.1. Le Chef d'Équipe s'assure que les *Lots de Travaux* sont réalisés et livrés par l'équipe :
- En acceptant et vérifiant les *Lots de Travaux* autorisés.
- En s'assurant que les interfaces identifiées sont maintenues.
- En créant un *Plan d'Équipe* qui peut varier depuis un simple ajout au *Lot de Travaux* jusqu'à un plan similaire à un *Plan de Séquence*.
- En contrôlant que les produits sont livrés conformément à la (aux) méthode(s) de développement convenues.
- En démontrant que chaque produit satisfait ses critères qualité.
- En obtenant pour tous les produits l'approbation des autorités identifiées dans la *Description de Produit*.
- En livrant au Chef de Projet les produits en accord avec toutes les procédures spécifiées dans le *Lot de Travaux*.

18.4 Activités et actions préconisées

Dans ce processus on trouve trois activités :

Accepter un Lot de Travaux
Il devrait y avoir un accord entre le Chef de Projet et le Chef d'Équipe sur les aspects du travail à effectuer. Les actions suivantes sont préconisées :
- Examiner le *Lot de Travaux* et clarifier ce qui doit être livré, négocier les contraintes et les tolérances à respecter, comprendre les demandes en matière de rapport et comment l'approbation doit être obtenue, comment les produits doivent être remis et confirmer de quelle manière le Chef de Projet sera informé de l'achèvement.

- Produire un *Plan d'Équipe* démontrant que les produits peuvent être livrés dans le respect des contraintes imposées.
- Passer en revue tous les risques opposables au *Plan d'Équipe* et informer le Chef de Projet de tout nouveau risque ou toute modification dans des risques.
- Consulter l'Assurance Projet pour un recours éventuel à des consultants externes et – si nécessaire – mettre à jour le *Registre Qualité*.
- Convenir de livrer le *Lot de Travaux*.

Exécuter un Lot de Travaux

Lors de la réalisation d'un *Lot de Travaux*, le Chef d'Équipe devrait rapporter l'avancement comme convenu et ne devrait pas s'écarter des tolérances prévues. Si malgré tout cela se produit, le Chef d'Équipe doit faire remonter l'incidence. Les actions suivantes sont préconisées :

- Gérer le développement des livrables en respectant les critères de qualité convenus, les techniques, processus et procédures requis, les interfaces détaillés et la procédure décrite pour mettre à jour le *Registre Qualité*.
- Enregistrer l'effort consenti.
- Piloter et contrôler toutes les incidences, retours d'expérience et risques et informer ou notifier le Chef de Projet de leur statut et – si nécessaire – faire remonter une incidence.
- Obtenir l'approbation pour les livrables achevés et obtenir puis publier les *Rapports d'Approbation*, enfin mettre à jour les *Enregistrements de Configuration*.
- Examiner et rapporter le statut du *Lot de Travaux* au Chef de Projet dans les *Rapports d'Avancement*.

Livrer le Lot de Travaux

La notification de la fin de chaque *Lot de Travaux* devrait être adressée au Chef de Projet. Les actions suivantes sont préconisées :

- Passer en revue le *Registre Qualité* et vérifier qu'il est complété.
- Passer en revue les approbations enregistrées pour vérifier que tous les produits prévus sont approuvés.
- Mettre à jour le *Plan d'Équipe*, livrer les produits achevés et informer le Chef de Projet de leur achèvement.

Chapitre 19
Gérer une limite de séquence

19.1 But

Le processus Gérer une Limite de Séquence a pour but de fournir assez d'information au Chef de Projet pour qu'il puisse à son tour informer le Comité de Pilotage de Projet et lui permettre : d'apprécier le succès de la séquence en cours, d'approuver le plan de la séquence suivante, d'examiner le *Plan de Projet* mis à jour et de confirmer la justification continue de l'affaire et le niveau de risque acceptable. Les *Plans d'Exception* sont aussi soumis à l'approbation du Comité de Pilotage de Projet.

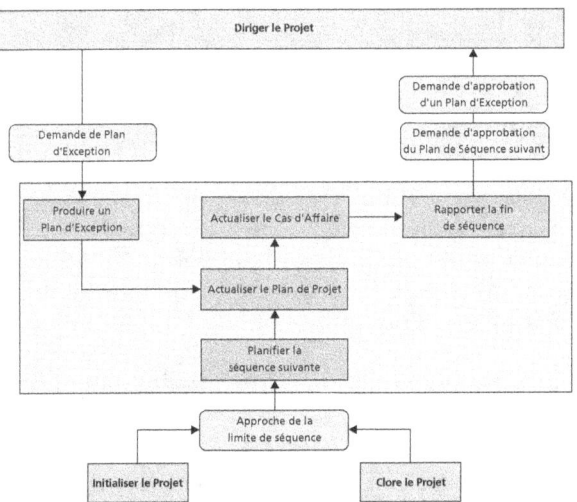

Figure 19.1 Vue générale du processus Gérer une Limite de Séquence

19.2 Objectif

Le processus Gérer une Limite de Séquence a pour objectif de :
- Garantir au Comité de Pilotage de Projet que les produits de la séquence en cours sont terminés et acceptés.
- Préparer le plan de la séquence suivante.
- Passer en revue et – si nécessaire – mettre à jour la *Documentation d'Initialisation de Projet*.
- Fournir l'information nécessaire au Comité de Pilotage de Projet pour évaluer le maintien de la viabilité et l'exposition globale au risque.
- Enregistrer tout Retour d'Expérience pour les séquences à venir ou pour d'autres projets.
- Demander l'autorisation de démarrer la séquence suivante.

Dans le cas d'une Exception, l'objectif consiste à :
- Préparer un *Plan d'Exception* comme le Comité de Pilotage de Projet le demande.
- Demander l'approbation pour remplacer le *Plan de Projet* ou le *Plan de Séquence* actuel par le *Plan d'Exception*.

19.3 Contexte

Le maintien continu de l'orientation souhaitée pour le projet devrait être confirmé par le Comité de Pilotage de Projet à la fin de chaque séquence. Pour cette raison, le Chef de Projet doit réaliser toutes les activités requises pour permettre au Comité de Pilotage de Projet de prendre les bonnes décisions (voir figure 19. 1).

19.4 Activités et actions préconisées

Planifier la séquence suivante

Vers la fin de la séquence en cours, le Chef de Projet établit le plan pour la séquence suivante, après consultation du Comité de Pilotage de Projet, de l'Assurance Projet, des Chefs d'Équipes et des autres parties prenantes. Les actions suivantes sont préconisées :

- Vérifier les éléments de la *Documentation d'Initialisation de Projet* en regard de tout changement demandé.
- Établir le *Plan de Séquence* pour la séquence suivante en incluant l'examen du *Plan de Projet*, de la *Stratégie Qualité*, du *Registre des Risques*, du *Registre des Incidences* ainsi que la création ou la mise à jour de la *Structure de Décomposition du Produit*, les *Descriptions de Produit* et le *Diagramme de Flux des Produits* pour ce qui concerne cette séquence à venir.
- Créer ou mettre à jour les *Enregistrements de Configuration* pour les produits à livrer à l'issue de cette prochaine séquence.
- Mettre à jour le *Registre des Incidences* et le *Registre des Risques* pour de nouveaux risques et incidences ou leurs modifications.
- Mettre à jour le *Registre Qualité* pour les activités de gestion de la qualité planifiées.

Actualiser le Plan de Projet

Le *Plan de Projet* est nécessaire au Comité de Pilotage de Projet pour surveiller la progression et pour cette raison il doit être mis à jour à partir de toutes les données de la séquence qui se termine et de celle qui commence. Les actions suivantes sont préconisées :

- Vérifier que le *Plan de Séquence* en cours est à jour.
- Corriger le *Plan de Projet* afin d'y incorporer les données de la séquence en cours, les prévisions pour la séquence suivante, toutes les modifications à la *Description de Produit du Projet*, l'impact des incidences et des risques, tous les changements aux produits ou tout produit supplémentaire demandé par le Comité de Pilotage de Projet ainsi que n'importe quel changement dans la *Documentation d'Initialisation du Projet*.
- Si de nouveaux risques ou incidences sont apparus, mettre à jour le *Registre des Incidences* et le *Registre des Risques*.

Actualiser le Cas d'Affaire

En général le Comité de Pilotage de Projet est seulement autorisé à poursuivre le projet quand celui-ci reste viable. Néanmoins, les projets prenant place dans un environnement dynamique, le maintien de leur viabilité doit être confirmé dans le cadre des nouvelles perspectives de coût et de dates d'achèvement. Les actions suivantes sont préconisées :

- Mesurer l'exposition globale au risque du projet dans son ensemble et identifiez les risques clés qui affectent le *Cas d'Affaire.*
- Mettre à jour le *Plan de Revue des Bénéfice*s (dans le cas où une revue des bénéfices est survenue dans la séquence en cours).
- Examiner puis réviser le *Plan de revue des Bénéfices*, l'impact des modifications approuvées qui peuvent affecter les bénéfices, le *Profil du Risque* et les risques clés, le *Registre des Incidences* pour les incidences touchant au *Cas d'Affaire*, le *Plan de Projet* pour voir si les dates d'achèvement et/ou les coûts sont modifiés de manière à influencer l'analyse des coûts/des bénéfices et donc si des revues de bénéfices seront nécessaires dans la séquence suivante.
- Si nécessaire, corriger le *Cas d'Affaire* et le *Plan de Revue des Bénéfices.*
- Si nécessaire, mettre à jour le *Registre des Incidences* et le *Registre des Risques.*

Rapporter la fin de séquence

Cette activité devrait avoir lieu aussi près que possible de la fin de la séquence de même qu'en cas d'un *Plan d'Exception*. Les actions suivantes sont préconisées :

- Examiner le statut du *Cas d'Affaire* actualisé, le *Plan de Séquence*, la performance de l'équipe, la réalisation du produit, les incidences et risques qui sont apparus.
- Préparer le *Rapport de Fin de Séquence* (voir Annexe A.9) et consulter la *Stratégie de Communication* pour les parties externes intéressées qui ont besoin d'une copie.

Produire un Plan d'Exception

Les *Plans d'Exception* sont requis par le Comité de Pilotage de Projet en réponse à un *Rapport d'Exception*. Bien qu'un *Plan d'Exception* soit à produire avant la limite planifiée de la séquence, son approbation par le Comité de pilotage de Projet marque une limite de séquence pour la séquence révisée. Les actions suivantes sont préconisées :

- Enregistrer l'incidence pour laquelle le Comité de Pilotage de Projet a imposé un *Plan d'Exception*.
- Consulter les éléments de la *Documentation d'Initialisation de Projet* pour ce qui concerne toutes les modifications conséquentes, à savoir les attentes du client en matière de qualité, les critères d'acceptation, l'*Approche Projet*, les descriptions de l'Équipe de Projet et des rôles de même que l'utilité des stratégies et des contrôles. Mettre à jour la *Documentation d'Initialisation de Projet* au besoin.
- Produire le *Plan d'Exception*
  - Consulter le Plan de Séquence pour définir les produits à réaliser.
  - Consulter le Rapport d'Exception pour les détails.
  - S'il est nécessaire d'élaborer de nouveaux produits, consulter la Stratégie Qualité.
  - Mettre à jour la Structure de Décomposition de Produit, les Descriptions de Produit et le Diagramme de Flux des Produits en fonction de ce Plan d'Exception.
- Créer ou mettre à jour les *Enregistrements de Configuration* pour les produits à livrer par le *Plan d'Exception*.
- Mettre à jour le *Registre des Incidences* et le *Registre des Risques* pour les nouveaux risques et incidences ou ceux qui ont été modifiés.
- Mettre à jour le *Registre Qualité* pour les activités de gestion de la qualité planifiées.

Chapitre 20
Clore le projet

20.1 But

Le processus Clore le Projet a pour but de fixer un point où l'acceptation du projet peut être établie et de vérifier que les objectifs décrits dans la *Documentation d'Initialisation de Projet* (et leurs changements approuvés) ont été atteints ou que le projet n'a plus rien à apporter.

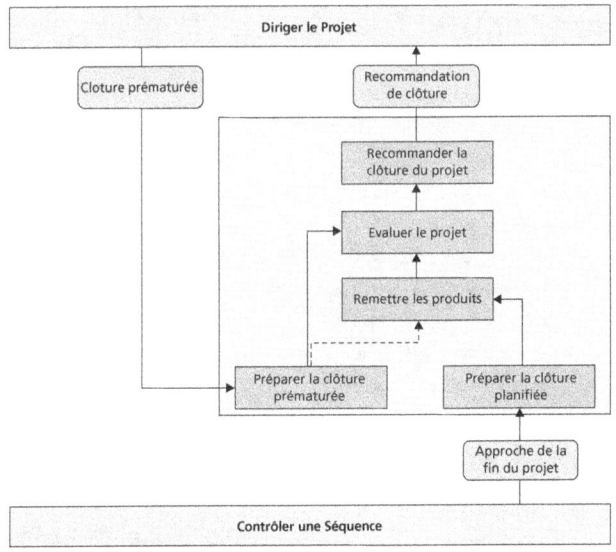

Figure 20.1 vue générale du processus Clore le Projet

20.2 Objectif

Le processus Clore le Projet a pour objectif de :
- Vérifier l'acceptation par les utilisateurs des produits du projet.
- S'assurer que le site d'accueil est à même de supporter le produit.
- Contrôler la réalisation du projet par rapport au référentiel.
- Évaluer tous les bénéfices qui ont été réalisés, mettre à jour la prévision des bénéfices à venir et planifier l'examen des bénéfices non atteints.
- S'assurer que les actions préconisées à suivre couvrent tous les incidences et risques.

20.3 Contexte

La fin précise d'un projet :
- Donne toujours de meilleurs résultats qu'une dérive lente dans l'utilisation opérationnelle car il est reconnu par toutes les parties concernées qu'alors les objectifs originaux ont été respectés, que le projet finira bientôt, que les produits peuvent être remis aux opérationnels ou à un projet ultérieur ou encore à un programme, que l'Équipe de Projet se séparera bientôt et que les coûts de projet ne seront plus imputés au projet.
- Fournit l'opportunité d'identifier les tâches et les objectifs non atteints, de sorte qu'ils peuvent être traités.
- L'Équipe de Projet transfère la propriété du projet au Client.

Cette fin peut survenir à l'occasion d'une clôture prématurée ou planifiée, comme illustré à la figure 20.1.

20.4 Activités et actions préconisées

Préparer une clôture planifiée

Avant que la clôture ne soit engagée, le Chef de Projet doit s'assurer que les résultats escomptés ont été atteints et livrés. Les actions suivantes sont préconisées :
- Mettre à jour le *Plan de Projet* à partir des derniers constats.
- Demander un *Rapport d'État du Produit* (au Support Projet).
- Confirmer que le projet a livré sa production comme convenu et que les critères d'acceptation ont été respectés.
- Demander l'autorisation de notifier au management de l'entreprise ou du programme la libération des ressources.

Préparer une clôture prématurée

Dans les cas où le Comité de Pilotage de Projet demande au Chef de Projet de clore prématurément le projet, le Chef de Projet s'assure que le travail ne doit pas être simplement abandonné mais que le projet récupère tout ce qui peut être de valeur et que les pertes dues à la clôture prématurée du projet sont bien signalées au management de l'entreprise ou du programme. Les actions suivantes sont préconisées :
- Mettre à jour le *Registre des Incidences* en enregistrant l'incidence source de la clôture prématurée.
- Mettre à jour le *Plan de Projet* à partir des derniers constats.
- Demander un *Rapport d'État du Produit* (au Support Projet) et déterminer le statut des produits.
- Convenir des moyens pour récupérer les produits terminés ou les produits en cours.
- Demander l'autorisation d'informer le management de l'entreprise ou du programme que des ressources peuvent être rapidement libérées.

Remettre les produits

Avant que le projet ne soit clos, les produits du projet seront transférés vers un environnement et d'exploitation et de maintenance. Ceci peut se faire, en une seule fois à la fin du projet dans le cas d'une livraison unique, ou en plusieurs fois en cas de livraison échelonnée. Les actions suivantes sont préconisées :

- Préparer les *Recommandations d'Actions de Suivi* pour les produits comportant des travaux inachevés, des incidences ou des risques.
- Vérifier que le *Plan de Revue des Bénéfices* comprend une confirmation post-projet des bénéfices.
- Consulter la *Stratégie de Configuration* pour confirmer comment les produits seront remis à l'environnement exploitation et maintenance.
- Faire confirmer l'acceptation et le transfert de la responsabilité des produits à l'environnement exploitation et maintenance.

Évaluer le projet

Les organisations qui réussissent apprennent de leurs expériences de projet. Il est donc nécessaire d'évaluer si le projet est réussi ou non et quelles améliorations pourraient aider des projets futurs. Les actions suivantes sont préconisées :

- Examiner l'intention originale de la *Documentation d'Initialisation de Projet* qui a fourni le référentiel initial.
- Examiner les modifications approuvées comme définies par la version actuelle de la *Documentation d'Initialisation de Projet.*
- Préparer un *Rapport de Fin de Projet* (voir Annexe A.8).
- Préparer un *Rapport de Retours d'Expérience* qui peut être utile à de nouveaux projets et obtenir l'aval du Comité de Pilotage de Projet pour l'envoyer au management de l'entreprise ou du programme (voir Annexe A.15).

Recommander la clôture du projet

Une recommandation de clôture devrait être adressée au Comité de Pilotage de Projet une fois que le Chef de Projet a confirmé que le projet pouvait être clos. Les actions suivantes sont préconisées :

- Consulter la *Stratégie de Communication* pour savoir quelles parties doivent être informées de la clôture du projet.
- Fermer les *Registres* et *Journaux* du projet.
- Sécuriser et archiver les informations du projet de manière à permettre un futur audit, sur la performance, les actions et les décisions de l'Équipe de Projet.
- Préparer et envoyer une *Notification de Clôture du Projet* au Comité de Pilotage de Projet indiquant que le projet a été clos.

Chapitre 21
Adaptation de PRINCE2

21.1 Qu'est-ce que l'adaptation ?

PRINCE2 peut être adapté pour se conformer aux facteurs spécifiques d'un projet et aux facteurs liés à son environnement. L'adaptation se réfère à l'utilisation appropriée de PRINCE2 sur n'importe quel projet donné, en s'assurant que les activités de planification, de contrôle, de gouvernance sont suffisantes et que l'utilisation des processus et des thèmes sont en place.

L'incorporation se réfère quant à elle à l'adoption de PRINCE2 à l'échelle de l'entreprise. La Table 21.1 montre les différences entre incorporation et adaptation.

Incorporation	Adaptation
Effectuée par l'organisation pour adopter PRINCE2.	Effectuée par l'équipe de projet pour adapter la méthode au contexte d'un projet donné.
Concentré sur : • Responsabilités des processus • Ajustement des règles/directives • Normes (modèles, définitions) • Formation et perfectionnement • Intégration aux processus de l'entreprise • Outils • Processus assurance	Concentré sur : • Adaptation des thèmes par les stratégies et les contrôles • Incorporation de termes/langages spécifiques • Révision des Descriptions de Produit pour les produits management • Révision des descriptions de rôle pour les rôles projet de PRINCE2 • Ajustement des processus en conséquence
Mode d'emploi dans "PRINCE2 Maturity Model"	Mode d'emploi dans ce POCKET Guide

Table 21.1 Incorporation et Adapatation

L'adaptation ne consiste pas à omettre certains éléments de PRINCE2. L'omission mène à l'affaiblissement du management de projet. L'adaptation consiste davantage à ajuster des éléments plutôt que les laisser de côté.

Ne pas adapter PRINCE2 risque d'encourager une gestion de projet rigide, 'robotisée' ou systématisée

21.2 Approche générale de l'adaptation

PRINCE2 devrait être ajusté pour correspondre aux facteurs spécifiques d'un projet aussi bien qu'à ses facteurs environnementaux. D'autre part les principes PRINCE2 constituent un guide pour le Chef de Projet dans la façon d'adapter PRINCE2 sans que la méthode ne perde son intérêt (Voir la Figure 13. 1). Les principes de PRINCE2 sont universels et n'ont pas besoin d'être adaptés.

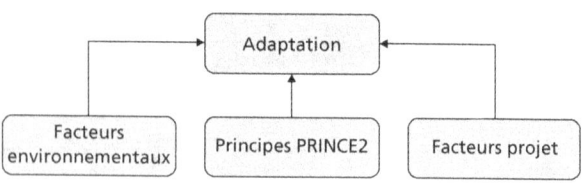

Figure 21.1 Influence sur le besoin d'adaptation

L'adaptation est constituée des aspects suivants :
- L'adaptation des thèmes consiste normalement à incorporer des facteurs environnementaux, comme ceux relevant des politiques et standards de l'entreprise ou du programme et des facteurs de projet dans les stratégies et contrôles du projet.
- L'utilisation du langage et des termes de l'organisation peut se révéler bénéfique chaque fois qu'elle améliore la compréhension par tous ceux qui sont impliqués. Par exemple une organisation peut utiliser le terme de *Rapport d'Avancement* au lieu du *Rapport de Progression*.

- L'Adaptation des produits de management peut aider quand la partie "organisation spécifique" de leur composition offre une meilleure compréhension et des conseils.
- L'Adaptation des rôles peut être nécessaire parce que les descriptions de rôle standard ne sont pas applicables dans leur ensemble compte tenu des capacités individuelles et des autorités.
- L'Adaptation des processus peut mener à des modifications de responsabilités pour les activités ou pour n'importe quelle référence aux produits standards de management.

Pour être sûr que toutes les personnes impliquées comprennent comment la méthode est ajustée, les modalités d'adaptation de la méthode à ce projet particulier devraient être consignées dans la *Documentation d'Initialisation de Projet*.

21.3 Exemples d'adaptations

Les paragraphes qui suivent illustrent des exemples et des conseils sur la façon d'ajuster PRINCE2. Ceci ne doit pas être considéré de manière exhaustive, mais plutôt comme une recommandation d'ordre général. Chaque Chef de Projet devrait prendre en compte les avantages et les inconvénients de la suggestion d'ajustement vis-à-vis du projet spécifique ou des facteurs d'environnement en présence.

21.4 Projets situés dans le cadre d'un programme

Des organisations temporaires comme un programme ont tendance à avoir une durée de vie qui non seulement couvre la réalisation des projets mais aussi englobe la réalisation des bénéfices une fois que les projets sont démantelés. La Table 21.2 liste d'autres comparaisons entre projets et programmes.

Projets	Programmes
Motivé par les livrables	Motivé par la "vision d'un état final"
Fini – début et fin définis	Le chemin n'est pas pré-défini
Livrables fixes et dimentionnés	Changement de la capacité de l'entreprise
Livraison d'un produit	Livraison coordonnée des livrables – y compris des projets ne livrant pas directement des bénéfices
Bénéfices généralement réalisés avant la clôture du projet	Bénéfices réalisés durant et après le programme
Durée courte	Durée longue

Table 21.2 Comparaison entre projet et programme

Chaque fois qu'un projet fait partie d'un programme il y a quelques aspects à ajuster : les thèmes, les processus et les produits de management. Dans cette section le document "Managing Successful Programmes" (MSP) de l'OGC est la référence pour les aspects de gestion de programme.

En développant le *Cas d'Affaire* du projet, les standards seront définis selon le programme. Il y aura un *Cas d'Affaire* du programme et pour cette raison le *Cas d'Affaire* du projet peut avoir un contenu réduit. Dans certains cas, le *Cas d'affaire* du projet sera défini par le programme avant l'initialisation du projet. Les bénéfices du projet seront contrôlés selon le programme et le *Plan de Revue des Bénéfices* du projet peut être une partie du plan de réalisation des bénéfices du programme.

Les aspects organisationnels du programme et du projet doivent être élaborés ensemble de manière à avoir des procédures de reporting et de vérification efficaces, qu'il y ait des définitions précises de responsabilités et qu'il n'y ait pas de redondances. Ci-dessous, quelques exemples de l'intégration des rôles :
- Le Responsable de Programme doit être l'Exécutif du projet.
- Un Responsable de la Conduite du Changement peut tenir le rôle de l'Utilisateur Principal.
- L'autorité de conception du programme peut aussi tenir le rôle d'Assurance Projet ou d'Autorité de Changement.

- Le Programme peut inclure le rôle de Support Projet dans son rôle de Support Programme.

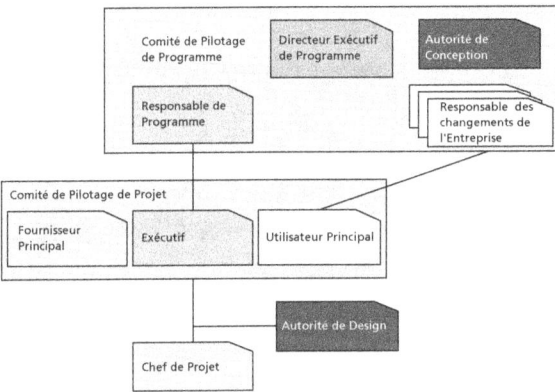

Figure 21.2 Rôles dans les projets à l'intérieur d'un programme

Le Programme peut fournir la *Stratégie Qualité*. Les activités de contrôle qualité d'assurance qualité et de conseil sur des méthodes qualité peuvent être réalisées par l'équipe de management du programme.

L'activité de planification du projet devrait s'assurer que les standards de pilotage et la stratégie de contrôle du programme sont adoptés. Les dépendances avec d'autres projets du programme devraient être prises en compte attentivement dans le(les) Plan (s) de Projet.

La *Stratégie des Risques* du Programme devrait être prise en compte pour les techniques, la gradation et les catégories dans le projet. La stratégie de résolution des incidences du programme sera un guide pour les procédures de contrôle du changement du projet.

De même, la stratégie de l'information du programme donnera des orientations pour la *Stratégie de Configuration*.
La stratégie de contrôle et de pilotage du programme aura une influence sur le reporting du projet et les activités de révision. Les tolérances, les longueurs de séquences et le nombre de séquences seront aussi influencés par le programme.

Élaborer un Projet est le seul processus de management de projet qui est généralement mené par l'équipe de Direction de Programme. Tous autres processus de management de projet ont déjà une interface directe avec le management du programme (ou de l'entreprise).

En ce qui concerne les produits de management, une attention particulière devrait être donnée à l'utilisation des différents documents de stratégie : les documents du programme et ceux du projet doivent ils avoir la même présentation ou des présentations différentes, et qui porte la responsabilité de mettre à jour et communiquer sur les *Registres* et *Journaux* ?

21.5 Ampleur du projet

L'échelle du projet n'est pas seulement liée à sa taille mais aussi à son contexte, sa complexité, son risque et son importance (voir table 21.3). Néanmoins tous les principes PRINCE2 devraient être pris en compte en se demandant comment les utiliser plutôt que lesquels ne pas utiliser. L'utilisation de PRINCE2 peut être considérée comme un facteur de réduction d'échec des projets. Laisser de côté un élément de PRINCE2 devrait toujours être considéré comme une prise de risque.

Ampleur du Projet	Caractéristique	Application de PRINCE2
Élevé ↑	• Programme • Transformation de l'Entreprise	• MSP pour les programmes, PRINCE2 pour les projets

	• Projet d'envergure
	  • Risque, coût, importance, visibilité élevés
	  • Organisations multiples
	  • international
		• Plusieurs séquences de livraisons
		• Comité de Pilotage de Projet étendu
		• Rôles séparés de Chef d'Équipe et de Support Projet
		• Produits de management individuels

	• Projet normal
	  • Risque, coût, importance, visibilité moyens
	  • Sites multiples
		• Une ou plusieurs séquences de livraison
		• Comité de Pilotage de Projet standard
		• Rôles séparés de Chef d'Équipe et Support Projet optionnel
		• Des produits de management combinés

	• Projet simple
	  • Risque, coût, importance, visibilité faible
	  • Organisation unique
	  • Site unique
		• Une seule séquence de livraison
		• Comité de Pilotage de Projet simple
		• Le Chef de Projet remplit les rôles de Chef d'Équipe et de Support Projet
		• Produits de management combinés

↓ Faible	• Tâche
	  • Une seule personne pour mener le projet
	  • Le Chef de Projet effectue le travail
	  • Le budget appartient au coût normal des affaires
	  • Justification claire et simple pour l'entreprise
		• Livraison de Lot de Travaux avec un ou plusieurs produits

Table 21.3 Exemples de projets d'ampleurs différentes

En ce qui concerne les thèmes, les considérations suivantes sont données pour des <u>projets simples</u> :
- Les rôles devraient être combinés et non supprimés, par exemple le Chef de Projet est aussi Support Projet et Chef d'Équipe. Un autre exemple, la combinaison des rôles de l'Utilisateur Principal et de l'Exécutif.
- Un *Cas d'Affaire* pour des projets simples peut être n'importe quelle documentation sur la justification de l'affaire.
- Les *Descriptions de Produit* et un simple *Plan* peuvent être suffisants.
- Un simple accord sur les niveaux de qualité.
- L'analyse du risque, les activités de risque et le reporting du risque en un seul document.
- Une méthode simplifiée du contrôle du changement.
- Un reporting oral ou en quelques lignes.

Tous les processus sont appropriés dans des projets simples. Dans quelques cas il pourrait être souhaitable de traiter Élaborer le Projet d'une façon moins formelle ou de combiner Élaborer le Projet et Initialiser le Projet.

Des conseils sur les produits de management dans les projets petits ou simples :
- Le Comité de Pilotage de Projet peut recevoir des informations ou des rapports verbaux.
- Les rapports pourraient être sous la forme d'un courriel.
- La *Documentation d'Initialisation de Projet* pourrait être constituée d'un ensemble de diapositives de présentation.
- Les petits projets peuvent être gérés avec quatre ensembles de documents : *Documentation d'Initialisation de Projet* (incluant l'*Exposé de Projet*), le *Rapport de Progression*, le *Journal de Projet* (incluant les risques, les incidences, etc) et le *Rapport de Fin de Projet* (contenant les retours d'expérience).
- Lorsqu'il y a une seule séquence de management, un *Plan de Séquence* et un *Rapport de Fin de Séquence* sont redondants.

- S'il n'y a pas de Chef(s) d'Équipe, un *Lot de Travaux* et des *Rapports d'Avancement* pourraient être inutiles.
- Un *Registre des Risques* ou un *Journal de Projet* avec toutes les incidences peut être plus satisfaisant qu'un *Rapport d'Incidence* pour chaque incidence.

21.6 Environnement commercial client/fournisseur

S'il existe une relation commerciale entre le client et le fournisseur, il faut s'assurer qu'il y a au moins deux raisons d'entreprendre le projet (une pour le client et une pour le fournisseur), deux systèmes de management, deux structures de gouvernance et deux cultures d'entreprise.

Le client et le fournisseur bâtiront aussi chacun leur propre *Cas d'Affaire*. Si un de ces *Cas d'Affaires* ne se justifie plus, le projet résistera et échouera très probablement même si le *Cas d'Affaire* de l'autre partie reste toujours très attractif. Le *Cas d'Affaire* de chaque partie est cependant souvent (partiellement) indépendant de l'autre.

La nomination pour le rôle de Fournisseur Principal est une décision clé dans une relation commerciale. Le fournisseur devrait-il accomplir ce rôle lui-même ou nommer un manager pour le contrat ? Et s'il y a plus d'un fournisseur ? On conseille de nommer un prestataire principal comme Fournisseur Principal quand il y a plus de quatre fournisseurs. Quand il y a une séquence d'approvisionnement dans le projet une personne expérimentée dans les approvisionnements peut accomplir ce rôle jusqu'à ce que le fournisseur soit choisi.

Le Chef de Projet viendra – dans la plupart des cas – de chez le Client, tandis que le Fournisseur occupe le rôle de Chef d'Équipe. Quand le projet est géré chez le Fournisseur, le Chef de Projet peut venir du côté Fournisseur. Dans ce cas qui sera l'Utilisateur Principal ? Cela pourrait être une option pour nommer le chargé de compte comme l'Utilisateur Principal car lui ou elle a de fait pour rôle de prendre des décisions pour le client.

Les quatre *Stratégies* seront définies pour se conformer soit à la stratégie du client, soit à celle du fournisseur, soit aux deux.

Si le projet est géré séquence par séquence, on peut trouver une solution de contrats pour le projet en ayant recours à des paiements séquence par séquence. Le *Plan d'Équipe* du fournisseur peut être indépendant du client. Un bon *Rapport de Progression* forme une base sur laquelle le Chef de projet peut alors exercer le pilotage et le contrôle.

Les *Registres des Risque* pourraient aussi être indépendants pour certains des risques qui ne concernent qu'une partie. Chaque fois qu'il y a un *Registre des Risques* commun il faut faire attention à qui est le Surveillant du Risque. La procédure de contrôle de changement devrait s'aligner sur les procédures d'approbation d'achat du Client et du Fournisseur. La façon d'effectuer le rapport sur la progression du projet ou de la séquence devrait être alignée sur les exigences de direction de l'organisation, si elle existe.

Du côté du Fournisseur les processus devraient être ajustés : Élaborer le Projet aura lieu avant le contrat en tant que proposition en réponse à la demande du client. Initialiser le Projet finira cependant avec la signature du contrat et une autorisation du projet par le Comité de Pilotage de Projet.

La *Documentation d'Initialisation de Projet* devrait se concentrer sur les engagements et les obligations contractuelles. Pour le fournisseur extérieur un *Lot de Travaux* peut être conçu comme un contrat légal.

21.7 Projets multi-organisations

Lorsqu'il y a plus de deux organisations impliquées, comme des joint-ventures, des projets inter-départements ou inter-gouvernements, on est dans une situation où le projet a plusieurs propriétaires. La recommandation dans ce type de cas est la même que dans l'environnement client/fournisseur. Au terme "contrat" doit être substitué celui "d'accord". Cependant on devrait prendre garde à ce que les Comités de Pilotage de Projet ne soient pas trop conséquents afin de garantir une prise de décision efficace.

21.8 Type de Projet

La taille du projet ou la gouvernance ne sont pas les seuls points importants pour l'adaptation. Le type de projet influence aussi l'emploi de PRINCE2.

Modèles à cycle de vie
Il y a d'autres types de méthodes qui se concentrent sur la livraison et la vérification des produits spécialistes comme la méthode en cascade ou les méthodes agiles (par exemple DSDM Atern). De façon délibérée, PRINCE2 ne traite pas de ces aspects, donc PRINCE2 doit être ajusté pour correspondre à ces modèles à cycle de vie spécialiste :
- Aligner les séquences de management au cycle du développement (i.e. conception, fabrication, test, mise à disposition).
- Utiliser les tolérances, par exemple des tolérances serrées pour le délai et la qualité et une tolérance plus large pour le périmètre lors de l'utilisation de modèles agiles ou itératifs.
- Intégrer des rôles de spécialiste à l'intérieur de l'Équipe de Projet. Très souvent la difficulté est de savoir comment appeler ces rôles. Cependant, il est plus important d'être précis sur les responsabilités de manière à ce qu'elles soient comprises par tous ceux qui sont impliqués.

- Les modèles de cycle de vie peuvent aussi préconiser des produits de management de projet. Ce qui est important dans de tels cas c'est d'éviter la duplication ou les manques.

Le projet en évolution

Les projets impliquant la Recherche et Développement, le développement d'une nouvelle politique ou une étude de faisabilité sont typiquement des projets en évolution : les projets sans spécification prédéterminée mais des spécifications en évolution au cours de leur avancement. Très souvent ces spécifications sont contestables et négociables pendant le cycle de vie de projet. Le *Cas d'Affaire* PRINCE2 dans de tels cas est traité comme "la meilleure prévision convenue" qui doit évoluer pendant le cycle de vie du projet.

Le projet d'étude de faisabilité

Une étude de faisabilité (voir la figure 21.3) peut être nécessaire pour examiner la situation et développer des options de réalisation. Une telle étude est un projet en soi pour l'option de réalisation et aura son propre *Cas d'Affaire*, son *Plan de Projet* et/ou ses risques.

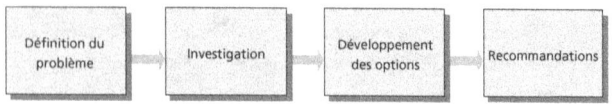

Figure 21.3 Activités de faisabilité

À la fin de l'étude de faisabilité il devrait y avoir un produit : "la recommandation". La décision de concrétiser ou non devrait être prise après la recommandation. Les projets de contrats sont semblables aux projets de faisabilité, leur production n'a aucune valeur directe, mais permet de prendre une décision fiable. Concrétiser l'idée est un autre projet.

21.9 Différences de secteur

Il y a bien sûr des différences entre le secteur public et le secteur privé. Le besoin d'un *Cas d'Affaire* n'est cependant pas remis en cause. Dans le secteur public du Royaume-Uni deux questions peuvent déterminer la nécessité d'adapter PRINCE2 :

1. Il y a un Directeur Exécutif de Programme (DEP) Dans de tels cas comme dans le secteur gouvernemental du ROYAUME-UNI où le DEP est de plus en plus utilisé, il y a deux considérations. D'abord dans un contexte de programme l'Exécutif du projet rend compte au DEP, nommé comme faisant partie du programme. Deuxièmement chaque fois qu'un DEP est nommé dans un projet simple, il peut tenir le rôle de l'Exécutif ou nommer à son tour quelqu'un qui joue ce rôle.
2. Le projet est soumis à une revue "OGC Gateway". La revue OGC Gateway est la meilleure pratique du secteur public du Royaume-Uni. Elle confie l'examen à "un pair" dans lequel des praticiens indépendants en dehors du projet utilisent leur expérience et leur expertise pour mesurer la progression et la probabilité de livraison réussie. PRINCE2 s'aligne sur ces *gateway reviews* comme suit.

    - L'activité .Conduire un Projet autorisant l'initialisation s'aligne sur la Revue 1 : justification d'affaire.
    - L'activité .Conduire un Projet autorisant une Séquence ou un *Plan d'Exception* s'aligne sur les Revues 2, 3 et 4 : stratégie de livraison, décision d'investissement et prêt pour l'usage.

21.10 Blocs de connaissances

Il y a une différence entre un "Bloc de Connaissance" et PRINCE2. (Voir la table 21.4). Les exemples sont le Référentiel de Compétence IPMA, le PMBoK guide du PMI ou la base de connaissances de l'APM (APMBoK). En réalité ils sont complémentaires.

PRINCE2 indique ce qu'il est nécessaire de faire, quand et par qui. Les Blocs de Connaissances sont plutôt un condensé de la manière dont doivent être faites ces actions.

Si une organisation est alignée sur n'importe lequel de ces Blocs de Connaissances, l'ajustement de PRINCE2 devrait consister à approuver un ensemble de termes pour appliquer et aligner les produits de management sur ceux recommandés par le Bloc de Connaissances.

PRINCE2	Bloc de connaissances
• Méthode de management de projet • Prescriptif • Ensemble intégré de processus et de thèmes • Couvre tous les rôles de management de projet • Ne couvre pas les compétences interpersonnelles • Références techniques	• Ensemble de "bonnes pratiques" pour le management de projet • Non prescriptif • Chaque sujet peut être abordé séparément • Destiné aux Chefs de Projets • Couvre les compétences interpersonnelles • Décrit des techniques

Table 21.4 Comparaison entre PRINCE2 et Bloc de connaissances

Annexe A
Modèles de Description de Produit

A.1 Plan de Revue des Bénéfices

Un *Plan de revue des Bénéfices* définit comment et quand la mesure de l'accomplissement des bénéfices du projet peut être effectuée.

Composition
- Quels bénéfices doit on évaluer
- Qui est le garant de ces bénéfices
- Comment et quand ces bénéfices seront-ils évalués
- De quelles ressources a-t-on besoin pour cette évaluation
- Référentiel de mesure
- Comment la performance du produit sera-t-elle examinée

A.2 Cas d'Affaire

Un *Cas d'Affaire* donne la justification d'entreprendre le projet compte tenu des coûts estimés et des bénéfices attendus.

Composition
- Résumé
- Raisons
- Options D'affaires
- Bénéfices attendus et tolérances associées
- Inconvénients redoutés
- Calendrier
- Coûts

- Évaluation d'investissement
- Risques Majeurs

A.3 Rapport d'Avancement

Le *Rapport d'Avancement* est utilisé par le Chef d'Équipe pour communiquer l'état d'un *Lot de Travaux* au Chef de Projet selon une fréquence définie dans le *Lot de Travaux*.

Composition
- Date
- Période
- Suivis
- La période de rapport en cours, les produits concernés achevés et à développer, les activités de gestion de la qualité et les retours d'expérience identifiés
- La période de rapport suivante, les produits concernés à achever et à développer, les activités de gestion de qualité
- État de la tolérance du *Lot de Travaux*
- Incidences et risques

A.4 Stratégie de Communication

La *Stratégie de Communication* décrit la fréquence et les moyens de communication vers toutes les parties impliquées. Elle facilite l'engagement des parties prenantes.

Composition
- Introduction
- Procédure de communication
- Outils & techniques
- Enregistrements

- Rapport
- Chronologie des activités de communication
- Rôles & responsabilités
- Analyse des parties prenantes
  - Identification des parties intéressées
  - Relations actuelles
  - Relations souhaitées
  - Interfaces
  - Messages clés
- Besoins d'information de chacune des parties concernées
  - Information nécessaire à retirer du projet
  - Information nécessaire à apporter au projet
  - Source d'information
  - Fréquence, moyens et forme de la communication

A.5 Enregistrement de Configuration

L'*Enregistrement de Configuration* permet de consigner des informations comme l'historique, l'état, la version, la variante et n'importe quelle relation entre eux.

La composition réelle est définie dans la *Stratégie de Configuration* (voir l'Annexe A. 6). Le jeu d'*Enregistrements de Configuration* est appelé une bibliothèque de configuration.

Composition

Le contenu standard d'un *Enregistrement de Configuration* devrait être :

- Identifiant du Projet
- Identifiant de l'article
- Version actuelle
- Nom de l'article
- Date de la dernière modification
- Responsable

- Emplacement
- Détenteurs
- Type d'article
- Attributs de l'article
- Séquence
- Utilisateurs
- Statut
- État du produit
- Variante
- Producteur
- Date allouée
- Source
- Relation avec les autres articles
- Références croisées avec les incidences, les risques et les documents.

A.6 Stratégie de Configuration

Une *Stratégie de Configuration* identifie comment, quand et par qui les produits seront contrôlés et protégés.

Composition
- Introduction
- Procédure de gestion de la configuration (incluant la planification, l'identification, le contrôle, l'examen de l'état et les activités de vérification et d'audit)
- Procédure de maîtrise des incidences et du changement (incluant les activités de saisie, d'examen, de proposition, de décision et d'exécution)
- Outils et techniques
- Définition du contenu du *Registre des Incidences* (voir l'Annexe 12) et des *Enregistrements de Configuration* (voient l'Annexe 5)
- Composition du *Rapport d'Incidence* (voir l'Annexe 13) et du *Rapport d'État du Produit*

- Chronologie de gestion de la configuration et activités de contrôle des incidences et du changement
- Rôles et responsabilités
- Échelles de priorité pour les *Requêtes de Changement* et *Hors-Spécification* et échelle de sévérité pour le niveau de management qui peut décider des incidences

A.7   Journal de Projet

Le *Journal de Projet* renferme toutes les incidences informelles, les actions ou événements qui ne sont pas décrits dans d'autres *Journaux* ou *Registres* de PRINCE2. C'est le journal quotidien du Chef de projet. Il est aussi utilisé pour recueillir les incidences et les risques pendant le processus Élaborer le Projet.

Composition
- Date de l'entrée
- Problème, action, événement ou commentaire
- Personne responsable
- Date cible
- Résultats

A.8   Rapport de Fin de Projet

Le *Rapport de Fin de Projet* montre pendant le processus Clore un Projet comment le projet s'est déroulé par rapport à la *Documentation d'Initialisation de Projet* et transfère au groupe chargé du support futur tous les détails utiles des retours d'expérience ou tous les travaux inachevés, les risques encore en cours ou les modifications probables au produit.

Composition
- Rapport du Chef de Projet sur la performance du projet
- Révision du *Cas d'Affaire*

- Révision des objectifs du projet
- Bilan sur la performance de l'Équipe
- Examen de (des) :
  - *Enregistrements qualité*
  - *Enregistrements d'approbation*
  - *Hors spécifications*
  - Remise du produit du projet
  - Résumé des *Recommandations d'Actions de Suivi*
- *Rapport des Retours d'Expérience* (voir Annexe A.15)

A.9 Rapport de Fin de Séquence

Un *Rapport de Fin de Séquence* contient l'information nécessaire pour permettre au Comité de Pilotage de Projet de décider de l'action à prendre à la limite d'une séquence.

Composition
- Rapport du Chef de Projet sur la performance du projet
- Révision du *Cas d'Affaire*
- Révision des objectifs du projet
- Bilan sur la performance de l'Équipe
- Examen de (des):
  - *Enregistrements qualité*
  - *Enregistrements d'approbation*
  - *Hors spécifications*
  - Remise des produits (s'il y a lieu)
  - Résumé des *Recommandations d'Actions de Suivi* (s'il y a lieu)
- *Rapport des Retours d'Expérience* (voir Annexe A.15)
- Résumé des risques et incidences en cours
- Prévision pour le projet et la séquence suivante.

Lorsqu'un Rapport de Fin de Séquence intervient à la fin de la séquence d'initialisation, seule une partie des éléments ci-dessus est requise.

A.10 Rapport d'Exception

Un *Rapport d'Exception* est produit par le Chef de Projet lorsqu'il est prévu qu'un *Plan de séquence* ou un *Plan de Projet* dépasse ses limites de tolérance.

Composition
- Titre de l'exception
- Cause de l'exception
- Conséquences de la déviation pour le projet et/ou le programme
- Options et effet de chaque option sur le *Cas d'Affaire*, les risques et les tolérances
- Préconisations
- Retours d'expérience

Pour les exceptions urgentes, il est souhaitable qu'en premier lieu le *Rapport d'Exception* soit oral puis ensuite suivi de la forme requise.

A.11 Rapport de Progression

Le Chef de Projet utilise le *Rapport de Progression* pour fournir, un résumé de l'état de la séquence au Comité de Pilotage de Projet et aux autres participants suivant une périodicité convenue.

Composition
- Date
- Période
- Résumé de l'état de la Séquence

- Pour la période en cours, l'état des *Lots de Travaux* concernés, les produits achevés, les produits planifiés mais non démarrés ou non achevés dans la période, et toutes les actions correctives.
- Pour la période suivante, le statut des *Lots de Travaux* concernés, les produits à terminer, et toutes les actions correctives à mener
- L'état des tolérances du projet et de la séquence
- Les requêtes de changement
- Les incidences clés et les risques
- Le *Rapport des Retours d'Expérience* s'il y a lieu (voir Annexe A.15)

A.12 Registre des Incidences

Le *Registre des Incidences* contient les informations sur toutes les incidences gérées formellement et doit être traité de manière régulière par le Chef de Projet.

Composition

Chaque enregistrement du *Registre des Incidences* doit contenir :
- Identifiant de l'Incidence
- Type d'incidence (soit une *Requête de Changement*, soit un *Hors-Spécification* soit un problème /un souci)
- Date de survenance
- Relevée par
- Auteur du *Rapport d'Incidence* (voir Annexe A.13)
- Description de l'incidence (avec cause et effet)
- Priorité (et (ré)évaluation après l'analyse d'impact)
- Sévérité (pour connaître le niveau de management qui devra décider)
- Statut
- Date de clôture

A.13 Rapport d'Incidence

Un *Rapport d'Incidence* contient la description, l'évaluation d'impact et des préconisations pour chaque incidence formellement relevée (une *Requête de Changement*, un *Hors-Spécification* ou un problème /un souci

Composition
- Identifiant de l'Incidence (référence unique dans le *Registre des Incidences*, voir Annexe A.12)
- Type d'Incidence (soit une *Requête de Changement*, soit un *Hors-Spécification* soit un problème /un souci)
- Date de survenance
- Relevée par
- Auteur du *Rapport d'Incidence*
- Description de l'incidence (avec cause et effet)
- Analyse d'impact
- Recommandation
- Priorité (et (ré)évaluation après l'analyse d'impact)
- Sévérité (pour connaître le niveau hiérarchique concerné)
- Décision
- Approuvé par
- Date de décision
- Date de clôture

A.14 Journal des Retours d'Expérience

Le *Journal des Retours d'Expérience* est un recueil pour les retours d'expérience (bons comme mauvais) concernant le projet ou de futurs projets. Certains enseignements proviennent d'autres projets, d'autres du projet lui-même.

Composition
- Type de retour d'expérience (pour le projet lui-même, pour le programme ou l'entreprise ou pour tous)
- Détail du retour d'expérience (événement, effet, cause ou origine, signaux d'alerte, recommandations, ou préalablement signalé comme risque)
- Date d'enregistrement
- Enregistré par
- Priorité

A.15. Rapport de Retours d'Expérience

Le *Rapport des retours d'Expérience* est utilisé pour transférer toutes les expériences vers d'autres projets. Normalement, un *Rapport de Retour d'Expérience* doit être inclus dans le *Rapport de Fin de Séquence* (voir Annexe A.9) ou dans le *Rapport de Fin de Projet* (voir Annexe A.8). L'information peut servir à améliorer des standards ou de futures estimations.

Composition
- Résumé
- Périmètre du rapport (séquence ou projet)
- Examen de ce qui a bien marché, de ce qui a mal marché et recommandations sur :
  - Méthode de management du projet
  - Méthodes spécialisées
  - Stratégies projet
  - Contrôles projet
  - Événement anormaux ayant entraîné des écarts

- Examen des mesures utiles concernant
  - Effort pour créer les produits
  - Efficacité de la *Stratégie Qualité*
  - Statistiques sur les risques et les incidences
- Pour certains retours d'expérience significatifs, il peut être utile d'avoir des informations détaillées sur l'événement, l'effet, la raison ou l'origine, les recommandations, s'il y avait des signaux d'alerte ou encore si l'événement avait été préalablement perçu comme un risque

A.16 Plan

Un *Plan* est une représentation de quand et comment les objectifs seront atteints. Pour cela il montre les principaux produits, les activités et les ressources. (pour une description des tous les plans, voir paragraphe 9.2 Définition des Plans)

Composition
- Description du plan (niveau et approche)
- Pré-requis au plan (aspects qui doivent être et rester en place pour que le projet réussisse)
- Dépendances externes
- Hypothèses de planification
- Retours d'expérience pris en compte
- Pilotage et contrôle
- Budgets (incluant les provisions pour les risques et les modifications)
- Tolérances (temps, coût et périmètre)
- *Descriptions de Produits* (voir Annexe A.17) avec tolérances de qualité
- Programme avec représentation graphique
  - Diagramme de Gantt or histogramme
  - *Structure de Décomposition des Produits* et *Diagramme de Flux des Produits* (voir Annexe C for exemples)
  - Réseau d'activités

- Tableau des ressources nécessaires
- Tableau des ressources nécessaires/allouées par nom

A.17 Description de Produit

La *Description de Produit*, permet à chacun de comprendre tous les aspects importants liés au produit et permet de définir l'utilisateur du produit (voir Annexe C pour un exemple de Description de Produit).

Composition
- Identifiant
- Titre
- But (le but que le produit doit atteindre)
- Composition (liste des composants)
- Origine (sources)
- Format et présentation (caractéristiques)
- Compétences de développement nécessaires
- Critères qualité (référence aux standards et/ou à des spécifications particulières)
- Tolérance de qualité (fourchette d'acceptation)
- Méthode de qualité
- Compétences qualité nécessaires
- Responsabilités en matière de qualité

A.18 Rapport d'État du Produit

Le *Rapport d'État du Produit* fournit l'information sur le statut des produits dans le projet, dans la séquence ou dans n'importe quel domaine.

Composition
- Périmètre du rapport (projet, séquence ou domaine particulier)
- Date de réalisation

- Statut du produit (il peut inclure pour chaque produit :)
  - Identifiant du produit et désignation
  - Version
  - État et date du dernier changement d'état
  - État du produit
  - Propriétaire
  - Détenteur de copie
  - Emplacement
  - Utilisateur(s)
  - Producteur et date assignée au producteur
  - Date planifiée et date réelle de référencement de la Description de Produit
  - Date planifiée suivante de la prochaine référence
  - Liste des articles liés
  - Liste des incidences et risques liés

A.19 Exposé du Projet

L'*Exposé du Projet* est employé pour donner à l'initialisation du projet un fondement complet et solide.

Composition
- Définition du projet, incluant :
  - Contexte
  - Objectifs du projet (renseignant durée, coût, qualité, périmètre, risque et bénéfices projetés)
  - Résultats souhaités
  - Périmètre du projet et exclusions
  - Contraintes et hypothèses
  - Tolérances du projet
  - Le(s) utilisateur(s) et toutes les parties intéressées identifiées
  - Interfaces

- Ébauche du *Cas d'Affaire* (raisons pour lesquelles l'affaire se justifie et option choisie)
- *Description de Produit du Projet* (voir Annexe A.21)
- *Approche Projet* (choix de la solution à mettre en œuvre)
- Structure de l'Équipe de Projet (schéma)
- Description des rôles
- Références

A.20 Documentation d'Initialisation de projet

Le but de la *Documentation d'Initialisation de Projet* est de définir le projet, pour que le succès complet du projet puisse être géré et évalué. Il établit un contrat entre le Comité de Pilotage de Projet et le Chef de projet. Il y a trois utilisations principales à cette documentation : s'assurer qu'il y a une base solide avant de demander au Comité de Pilotage de Projet d'établir un quelconque engagement significatif dans le projet (1), agir comme un document de base au moyen duquel la progression, les incidences et la viabilité peuvent être évaluées (2) et fournir une source unique de référence pour le personnel rejoignant l'organisation de projet (3).

Ses éléments devraient être mis à jour et redéfinis dès que nécessaire. La version de la *Documentation d'Initialisation de Projet* qui permet d'obtenir l'autorisation pour le projet est conservée pour servir de référence dans l'évaluation de l'exécution lors de la clôture du projet.

Composition
- Définition du projet, incluant :
  - Contexte
  - Objectifs du projet et résultats attendus
  - Périmètre du projet et exclusions
  - Contraintes et hypothèses

- Le(s) utilisateur(s) et toutes les parties intéressées identifiés
  - Interfaces
- *Approche du projet*
- *Cas d'Affaire* (voir Annexe A.2, la justification du projet basée sur les coûts, la durée, les risques et les bénéfices)
- Structure de l'Équipe de Projet (schéma)
- Description des rôles
- *Stratégie Qualité* (voir Annexe A.22)
- *Stratégie de Configuration* (voir Annexe A.6)
- *Stratégie des Risques* (voir Annexe A.24)
- *Stratégie de Communication* (voir Annexe A.4)
- *Plan de Projet* (voir Annexe A.16)
- Contrôles du projet (voir résumé, chapitre 12)
- Adaptation de PRINCE2 (voir Chapitre 21)

A.21 Description de Produit du Projet

Une *Description de Produit de Projet* est une forme spéciale de *Description de Produit* pour le produit global du projet. Elle définit ce qui doit être livré pour remplir les conditions d'acceptation. La *Description de Produit de Projet* est créée pendant le processus Élaborer le Projet, affinée au cours du processus Initialiser le Projet et est soumise à un contrôle des modifications formel. À la fin du projet, elle est utilisée pour vérifier si le projet a livré ce qui était attendu.

Composition
- Titre
- But (du produit du projet et de ceux qui vont utiliser les produits du projet)
- Composition (principaux composants)
- Origine (produits sources comme des produits existants à modifier, spécifications de conception, rapport de faisabilité ou mandat de projet)

- Compétence de développement nécessaire
- Attentes du client en matière de qualité (la qualité souhaitée pour le produit du projet et les standards ainsi que les processus nécessaires pour parvenir à cette qualité
- Critères d'acceptation (liste par priorité des critères que le produit du projet doit remplir avant son acceptation par le client)
- Tolérances de qualité au niveau du projet
- Méthode pour l'acceptation (les moyens par lesquels l'acceptation sera confirmée)
- Responsabilités au niveau de l'acceptation

A.22 Stratégie Qualité

La *Stratégie Qualité* est utilisée pour définir les techniques de qualité, les standards et les responsabilités en matière de qualité pour parvenir aux niveaux exigés de qualité.

Composition
- Introduction
- Procédure de gestion de la qualité
    - Planning pour la qualité
    - Contrôle de la qualité (standards à utiliser, fiches et formulaires, méthodes et métriques à appliquer)
    - Assurance Qualité (responsabilités du Comité de Pilotage de Projet, audits de conformité ou examens de l'entreprise ou du programme)
- Outils et techniques
- Enregistrements (pour le format du *Registre Qualité*, voir Annexe A.23)
- Rapports (quels rapports, leur but, leur fréquence et leurs destinataires)
- Chronologie des activités de gestion de la qualité
- Rôles et responsabilités

A.23 Registre Qualité

Le *Registre Qualité* est utilisé pour récapituler toutes les activités de gestion de la qualité passées et futures. Les informations du *Registre Qualité* sont utilisées dans le(s) *Rapport(s) de Fin de Séquence* et le *Rapport de Fin de Projet*.

Composition
Pour chaque enregistrement du *Registre Qualité* :
- Identifiant qualité
- Identifiant Produit
- Désignation du produit
- Méthode
- Rôles et responsabilités
- Dates planifiées, prévues et actuelles pour les activités de qualité et d'approbation
- Résultat (de l'activité de qualité)
- Enregistrements qualité (références)

A.24 Stratégie des Risques

La *Stratégie des Risques* décrit comment la gestion des risques sera incluse dans les activités de gestion des projets.

Composition
- Introduction
- Procédure de gestion des risques (Si la procédure varie des normes de l'entreprise ou du programme, elle devrait indiquer la justification de la variation). La procédure couvre des activités comme l'identification, l'évaluation, la planification, la mise en œuvre et la communication
- Outils et techniques
- Enregistrements (format et composition)

- Rapports (quels rapports, leur but, leur fréquence et leurs destinataires)
- Programmation des activités de gestion des risques
- Rôles et responsabilités
- Échelles (pour l'estimation de la probabilité et de l'impact)
- Proximité (i.e. immédiate, dans la séquence en cours, dans ce projet, après ce projet)
- Catégories de risque
- Catégories de réponse aux risques (voir paragraphe 10.5)
- Indicateurs de pré-alerte
- Tolérance du risque (les niveaux d'exposition au risque qui s'ils risquent d'être dépassés nécessitent que le risque soit rapporté au niveau supérieur hiérarchique de management)
- Budget du risque (comment le dépenser)

A.25 Registre des Risques

Le but du *Registre des Risques* est de saisir et maintenir l'information sur tous les risques identifiés liés au projet.

Composition

Pour chaque enregistrement du Registre des Risques :
- Identifiant du risque
- Auteur du risque (découvreur)
- Date d'enregistrement
- Catégorie du risque
- Description du risque
- Probabilité, impact et valeur envisagée
- Proximité
- Catégories de réponse au risque
  - Pour les menaces : éviter, réduire, repli, transférer, accepter, partager
  - Pour les opportunités : améliorer, exploiter, rejeter, partager
- Réponse au risque

- Statut du risque
- Surveillant du Risque
- Exécuteur du Risque

A.26 Lots de travaux

Un *Lot de Travaux* est un ensemble d'information sur un ou plusieurs produits. En autorisant et en acceptant un *Lot de Travaux*, la responsabilité du *Lot de Travaux* est transférée du Chef de Projet au Chef d'Équipe ou aux membres de l'Équipe.

Composition
Le contenu peut varier en fonction du projet:
- Date
- Chef d'Équipe ou personne autorisée
- Description du *Lot de Travaux*
- Techniques, processus et procédures à employer
- Interfaces de développement
- Opérations et interfaces de maintenance
- Exigences de gestion de la configuration
- Accords Communs (sur effort, coût, temps et limites)
- Tolérances (coûts, durée, périmètre et/ou risque)
- Contraintes
- Dispositions pour le reporting
- Traitement de problèmes et rapport à la hiérarchie
- Extraits du *Plan de Séquence*
- Référence à la (aux) *Description(s) de Produit*
- Méthode d'approbation

Annexe B
Rôles et responsabilités

B.1 Exécutif

L'Exécutif est le responsable ultime du succès du projet, soutenu par l'Utilisateur(s) Principal et le(s) Fournisseur(s) Principal. L'Exécutif doit s'assurer que le projet réalise ses objectifs et livre le produit du projet qui générera les bénéfices prévus. L'Exécutif est responsable du *Cas d'Affaire*.

En conséquence, l'Exécutif est responsable :
- du recrutement et de la nomination de l'Équipe de projet
- de superviser le développement de l'*Exposé du Projet*
- de s'assurer du respect des stratégies de l'entreprise ou du programme
- de superviser le développement du *Cas d'Affaire*
- de renforcer les bases du projet
- d'approuver tous les contrats avec les fournisseurs si la relation entre client et fournisseur est d'ordre commercial
- d'organiser et de présider les réunions du Comité de Pilotage de Projet
- d'engager la responsabilité de l'Utilisateur Principal pour la réalisation des bénéfices et la tenue de revues permettant de surveiller quels bénéfices sont atteints
- d'engager la responsabilité du Fournisseur Principal pour la qualité et l'honnêteté de l'approche spécialiste et des produits spécialistes
- de piloter et contrôler la progression du projet au niveau stratégique, en particulier en examinant régulièrement le *Cas d'Affaire*
- de s'assurer que les incidences et les risques associés au *Cas d'Affaire* sont identifiés, évalués et contrôlés
- de prendre les décisions sur les incidences et risques soumis avec une focalisation permanente sur la justification de l'affaire

- de faire remonter les incidences et risques au management de l'entreprise ou du programme s'il est envisagé que les tolérances prévues pour le projet soient dépassées
- de transférer au management de l'entreprise ou du programme la responsabilité pour les examens des bénéfices post-projet au management de l'entreprise ou du programme

B.2   L'Utilisateur Principal

L'Utilisateur Principal représente les intérêts de tous ceux qui utiliseront le produit du projet. L'Utilisateur Principal spécifie les bénéfices à retirer et est en charge de démontrer au management de l'entreprise ou du programme que les bénéfices prévus ont en fait été réalisés.

A partir de ces responsabilités, l'Utilisateur Principal devra :
- fournir les exigences qualité du client et les critères d'acceptation pour le projet
- s'assurer que le projet réalise des produits qui vont fournir le résultat souhaité et satisfaire les exigences de l'utilisateur
- s'assurer que les produits du projet seront pilotés en fonction des exigences de l'utilisateur
- s'assurer que les ressources utilisateur nécessaires sont mises à disposition
- résoudre les desiderata de l'utilisateur et les conflits de priorité
- prendre les décisions quant aux incidences en se focalisant sur le maintien des bénéfices escomptés
- informer et conseiller le management de l'utilisateur sur tout ce qui concerne le projet
- se charger de l'Assurance Projet du point de vue de l'utilisateur
- s'assurer que les bénéfices escomptés sont réalisés
- fournir un état sur les bénéfices actuels par rapport aux bénéfices prévus à chaque examen des bénéfices

- stabiliser la performance commerciale pendant le transfert du produit du projet à l'opérationnel.

B.3 Le Fournisseur Principal

Le Fournisseur Principal représente les intérêts de tous ceux qui conçoivent, développent, facilitent, produisent et mettent en œuvre les produits du projet. Ce rôle est responsable quand à la qualité des produits livrés par les fournisseurs et il est responsable de l'intégrité technique du projet.

A partir de ces responsabilités, le Fournisseur Principal devra :
- évaluer et confirmer la viabilité de l'*Approche Projet*
- s'assurer que les propositions pour la conception, le développement, les aides, la production et la mise en œuvre sont réalisables
- conseiller sur le choix des méthodes d'acceptation
- garantir que les procédures qualité sont utilisées correctement
- garantir que les ressources fournisseur nécessaires sont disponibles
- résoudre les desiderata du fournisseur et les conflits de priorité
- informer le management non technique des points de vue fournisseur
- prendre les décisions quand aux incidences en se focalisant sur le maintient des intérêts des fournisseurs
- informer et conseiller le management du fournisseur de tout ce qui concerne le projet
- mettre en œuvre l'Assurance Projet du point de vue fournisseur

B.4 Le Chef de Projet

Le Chef de Projet a l'autorité pour diriger le projet au jour le jour au nom du Comité de Pilotage de Projet. La responsabilité principale du Chef de Projet est de garantir que le projet développe les produits exigés dans le cadre des tolérances indiquées et qu'il permettra de réaliser les bénéfices définis dans le *Cas d'Affaire*.

A partir de ces responsabilités, le Chef de Projet devra :
- préparer l'*Exposé de Projet*
- préparer la *DIP* et ses composantes
- préparer le *Plan de Revue des Bénéfices*
- préparer les *Plans du Projet*, *Plans de Séquence* ainsi que les *Plans d'Exception*
- préparer et autoriser les *Lots de Travaux*
- créer et entretenir les *Registre des Incidences* et *Registre des Risques*
- créer et entretenir le *Journal de Projet* et le *Journal des Retours d'Expérience*
- établir la liaison avec l'Assurance Projet
- établir les liaisons avec les fournisseurs externes et les chargés de compte
- conduire et motiver l'équipe en charge du projet
- superviser le Support Projet
- gérer l'information entre la direction et la livraison
- élaborer les rapports au niveau projet et séquence
- gérer la production et l'intégration des produits du projet, la progression d'ensemble, l'utilisation des ressources et l'initialisation des actions correctives si nécessaire
- établir, mettre en place et vérifier les différentes stratégies
- mettre en place et entretenir les procédures d'Incidence et de gestion de la configuration
- établir et gérer les contrôles du projet
- prévenir le Comité de pilotage de Projet de tout écart par rapport au plan

B.5   Le Chef d'Équipe

La première responsabilité du Chef d'Équipe est d'assurer la production des produits prévus avec la qualité appropriée et dans les tolérances convenues. Dans le cadre du projet, le Chef d'Équipe rapporte au Chef de projet.

A partir de ces responsabilités, le Chef d'Équipe devra :
- Préparer le *Plan d'Équipe* et accepter les *Lots de Travaux*
- Planifier, piloter et gérer le travail de l'Équipe
- être responsable de l'avancement du travail et l'emploi des ressources et mener les actions correctives si nécessaire
- faire la liaison entre l'Assurance Projet et le Support Projet
- s'assurer que les entrées appropriées sont faites dans le *Registre Qualité*
- élaborer les *Rapports d'Avancement*
- identifier et conseiller le Chef de Projet à propos de tous les risques et incidences associés au *Lot de Travaux*
- notifier le Chef de Projet de tous les écarts au plan, préconiser des actions correctives et l'aider à préparer les *Plans d'Exception* appropriés
- assister le Chef de Projet dans l'examen des incidences et des risques
- gérer les incidences et les risques que le Chef de Projet lui confie
- transférer le *Lot de Travaux* achevé au Chef de Projet

B.6 L'Assurance Projet

La responsabilité première de l'Assurance Projet est de mettre en œuvre l'assurance pour l'exécution et la performance du projet au nom des membres du Comité de Pilotage de Projet.

A partir de cela, les responsabilités de l'Assurance Projet sont :
- Participer au développement du *Cas d'Affaire* et du *Plan de Revue des Bénéfices*
- conseiller sur la sélection des membres de l'Équipe de Projet
- assurer la relation entre les personnes de l'Entreprise, de l'Utilisateur, du Fournisseur
- conseiller sur la *Stratégie des Risques*
- vérifier régulièrement que le projet reste viable et reste conforme aux stratégies de l'entreprise ou du programme
- examiner le financement du projet

- vérifier que les paiements des sous-traitants sont autorisés
- vérifier que les solutions assurent un retour sur investissement
- assurer que les incidences et les risques sont identifiés et gérés correctement
- vérifier que l'ensemble des risques reste dans les limites des tolérances
- piloter la progression vis-à-vis du plan et des tolérances

Les responsabilités, de l'Assurance Utilisateur sont :
- conseiller sur l'engagement des participants
- assurer que ce sont les bonnes personnes qui sont impliquées dans la rédaction des *Descriptions de Produit* et que les spécifications des besoins de l'utilisateur sont précises, exhaustives et sans ambiguïté
- vérifier si la solution est à même de couvrir les besoins de l'utilisateur et si elle évolue vers cette cible
- assurer que les activités relatives à la qualité sont représentées par le bon interlocuteur chez l'Utilisateur
- assurer que la liaison avec l'Utilisateur fonctionne correctement
- conseiller sur l'impact des incidences du point de vue de l'Utilisateur
- piloter les risques pour les Utilisateurs

Les responsabilités, de l'Assurance Fournisseur sont :
- passer en revue les *Descriptions de Produit*
- conseiller sur les *Stratégies Qualité* et *Stratégie de Configuration*
- conseiller sur l'*Approche Projet* et les méthodes
- assurer que les standards de l'exploitation et du Fournisseur sont définis, qu'ils sont atteints et sont utilisés à bon escient
- garantir que le périmètre du projet n'est pas modifié sans notification
- vérifier que les procédures de contrôle qualité sont correctement appliquées
- conseiller sur l'impact des incidences du point de vue du Fournisseur
- piloter les risques suivant les aspects production du projet

B.7 L'Autorité de Changement

La responsabilité de l'Autorité de Changement est de prendre en compte les *Requêtes de Changement* et *Hors-Spécifications* pour le Comité de Pilotage de Projet. Le Chef de Projet pourrait être nommé comme Autorité de Changement pour quelques aspects du projet.

En conséquence, l'Autorité de Changement devra :
- examiner et approuver ou rejeter toutes les *Requêtes de Changement* et *Hors-Spécifications* dans les limites de la délégation d'autorité et du *Budget de Changement* fixées par le Comité de Pilotage de Projet
- référer au Comité de Pilotage de Projet s'il est prévu un quelconque dépassement des limites de la délégation d'autorité ou du budget de changement alloué

B.8 Le Support Projet

Selon le projet, le Chef de Projet et l'environnement du projet, les responsabilités du Support Projet peuvent varier. Le Support Projet supporte le Chef de Projet et l'Équipe de Projet et rapporte au Chef de Projet.
Le recours à un Support Projet est facultatif.

Une liste de tâches est suggérée ci-dessous :
- constituer et maintenir les fichiers du projet
- établir les procédures de contrôle des documents
- collecter les données en cours et les prévisions
- mettre à jour les plans
- aider à la compilation des plans et les rapports
- organiser les réunions du Comité de Pilotage de Projet et apporter de l'aide
- organiser les activités qualité et apporter de l'aide

- maintenir le *Registre Qualité* et archiver les *Enregistrements Qualité*
- maintenir tous les autres *Journaux* et *Registres* qui auront été confiés par le Chef de projet
- gérer la configuration et les procédures de Contrôle du Changement
- maintenir les *Enregistrements de Configuration*
- préparer le *Rapport d'État du Produit* et les audits de configuration
- apporter l'expertise dans l'emploi des outils et techniques spécialistes

Annexe C
Exemple de planification basée sur le Produit

Structure de décomposition de produit pour une Conférence

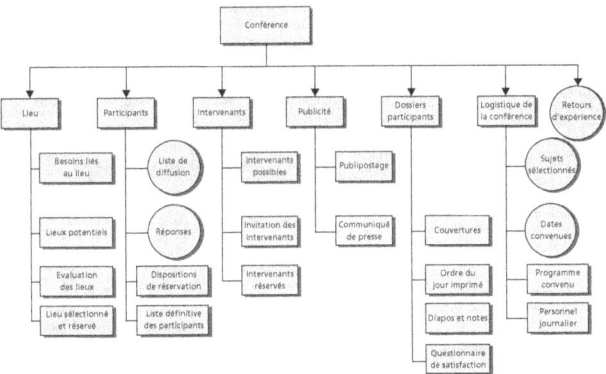

Fig. C.1 Exemple de Structure de décomposition de produit pour une Conférence

Description du Produit 1.1 Besoins du lieu

- Identifiant — 01
- Titre — besoins du lieu
- But — Identifier tous les impératifs à respecter par des lieux convenant à la conférence
- Composition
  - Installations exigées
  - Capacité parking
  - Capacité participants
  - Capacité accueil
- Origine — DIP, date envisagée, retours d'expérience précédents
- Format — Standard du Département d'Achats
- Compétences de développement — Organisateur de conférence
- Critères qualité
  - Spécifications dérivées des documents d'entrée
  - Conditions du Département d'Achats
- Tolérance qualité — Quantités spécifiées – 10%
- Méthode qualité
  - Inspection des capacités
  - examen de qualité sur les facilités
- Compétences Qualité
  - Familiarisée avec les conditions du Département Achat
  - Familiarisée avec l'organisation de conférences
- Responsabilités
  - Producteur : Peter
  - Examinateurs : Angela et William
  - Approbation : Direction du Marketing et des Ventes

Diagramme de Flux du Produit Conférence

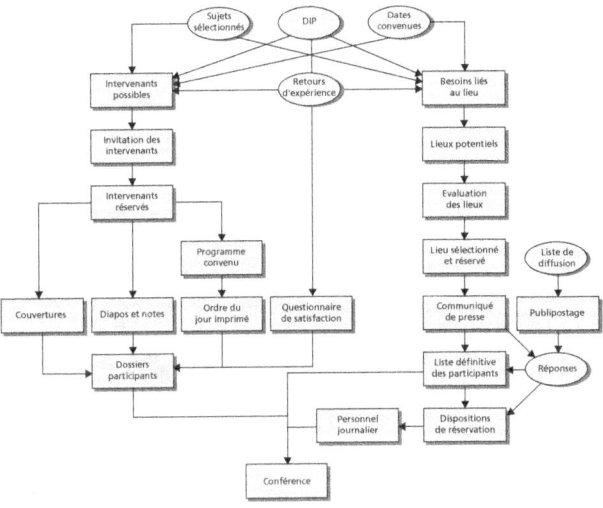

Fig. C2 Exemple de diagramme de flux de produit pour une Conférence

Annexe D
Glossaire

Les termes et définitions dans ce glossaire sont dérivés de: *Réussir le Management de Projet avec PRINCE2TM* , Crown copyright, 2009

Accepter (réponse au risque)	Une réponse au risque face à une menace où une décision consciente et délibérée est prise de conserver la menace, après avoir déterminé qu'il est plus économique de procéder ainsi que de tenter une action de réponse au risque.
acceptation	L'acte formel de reconnaître que le projet a répondu aux critères d'acceptation convenus et donc a respecté les exigences de ses parties prenantes.
acceptation opérationnelle et de maintenance	Un type d'acceptation spécifique par la personne ou le groupe qui supportera le produit quand il sera remis à l'environnement opérationnel.
acceptation utilisateur	Un type d'acceptation spécifique par la personne ou le groupe qui utilisera le produit quand il sera remis à l'environnement opérationnel.
activité	Une activité est un processus, une fonction ou une tâche qui se déroule au fil du temps, qui produit des résultats reconnaissables et qui est gérée.
adaptation	Utilisation appropriée de PRINCE2 dans le cadre d'un projet donné, tout en s'assurant que les activités de planification, de contrôle et de gouvernance sont suffisantes et que les processus et les thèmes sont correctement utilisés.
Améliorer (réponse au risque)	Une réponse au risque face à une opportunité, où des actions proactives sont prises pour : • Améliorer la probabilité de l'occurrence de l'événement ; • Améliorer l'impact de l'événement s'il se produit.
appétit du risque	Attitude propre à une organisation vis-à-vis de la prise de risque et qui détermine le degré de risque qu'elle juge acceptable.
approbateur	La personne ou le groupe (par ex. un Comité de Pilotage de Projet) identifié comme qualifié et autorisé à approuver un produit (management ou spécialiste) comme achevé et adapté au besoin.
approbation	La confirmation formelle qu'un produit est terminé et qu'il respecte ses exigences (hormis les éventuels compromis) telles qu'elles sont définies dans sa Description de Produit.
approche du projet	Description de la manière dont on doit aborder le projet. Par exemple : le produit doit-il être construit de bout en bout ou s'agit-il d'acheter un produit qui existe déjà?

assurance	Toutes les actions systématiques nécessaires pour donner l'assurance que le but (système, processus, organisation, programme, projet, résultat, bénéfice, aptitude, sortie de produit, livrable) est pertinent.
Assurance Projet	Responsabilités du Comité de Pilotage de Projet visant à s'assurer que le projet est correctement mené.
assurance qualité	Vérifications indépendantes visant à démontrer que les produits sont adaptés à l'usage ou satisfont aux exigences.
autorisation	Accord donné pour une autorité
autorité	Le droit d'affecter des ressources et de prendre des decisions.
Autorité de Changement	Une personne or un groupe auquel le Comité de Pilotage peut déléguer la responsabilité pour l'examen des requêtes de changement ou des hors-spécifications.
budget de changement	L'argent alloué à l'Autorité de Changement pour le financement des requêtes de changement autorisées.
bureau de projet	Bureau temporaire créé pour appuyer la livraison d'une initiative de changement spécifique sous forme de projet.
calendrier	Représentation graphique d'un plan (par exemple un diagramme de Gantt) décrivant généralement une séquence des tâches et les ressources affectées, celles-ci formant collectivement le plan.
Cas d'Affaire	La justification d'une activité organisationnelle (projet) couvrant typiquement les coûts, les bénéfices, les risques et la durée et qui est utilisée pour valider la viabilité dans la durée.
Catégorie de réponse au risque	Pour les menaces, la catégorie de réponse pourra être : évier, réduire, transférer, accepter ou partager. Pour les opportunités, la catégorie de réponse au risque pourra être : exploiter, améliorer, rejeter ou partager
Centre d'excellence	Fonction de coordination de l'entreprise pour les portefeuilles, programmes et projets, dont le rôle est de définir les normes et d'assurer la cohérence des méthodes et des processus, la gestion des connaissances, l'assurance et la formation
chef d'équipe	Personne responsable de la production des produits affectés par le Chef de Projet et définis dans un Lot de Travaux selon des critères de qualité, de délais et de coûts acceptables aux yeux du Comité de Pilotage de Projet. Le Chef d'Equipe dépend hierarchiquement du Chef de Projet
Chef de Projet	Personne ayant l'autorité et la responsabilité de gérer le projet au quotidien pour livrer les produits requis dans les limites convenues avec le Comité de Pilotage de Projet.
client	La personne ou le groupe qui a commandité le travail et qui bénéficiera des résultats finaux.
clôture planifiée	L'activité PRINCE2 pour clôturer un projet.
clôture prématurée	L'activité PRINCE2 pour clôturer un projet avant sa date de clôture prévue.
compromis	Hors-spécification acceptée par le Comité de Pilotage de Projet sans action corrective.

contingence	Quelque chose qui est gardé en réserve, typiquement pour gérer les délais et les écarts de coût ou les risques.
contraintes	Les restrictions ou limites à respecter par le projet.
contre-bénéfice	Résultat perçu comme négatif par une ou plusieurs parties prenantes.
contrôles périodiques	Contrôles effectués à échéances déterminées en vue de permettre à l'autorité supérieure de suivre la progression du projet (toutes les 2 semaines par exemple).
contrôle qualité	La procédure de suivi des résultats spécifiques d'un projet visant à déterminer s'ils sont conformes aux normes pertinentes et à identifier la meilleure manière d'éliminer les causes de performances peu satisfaisantes.
contrôles réactifs	Contrôles appliqués quand un événement spécifique se produit.
critère d'acceptation	Une liste par ordre de priorité de critères à respecter par le produit du projet pour que le client puisse l'accepter : des définitions mesurables des attributs qui doivent s'appliquer à l'ensemble des produits pour qu'ils puissent être acceptables pour les principales parties prenantes.
critères qualité	Description des caractéristiques de qualité auxquelles le produit doit satisfaire et des mesures de qualité qui seront appliquées par les personnes inspectant le produit achevé.
cycle de vie du projet	Période allant de l'élaboration du projet à l'acceptation de ses produits.
déclencheur	Un événement ou une décision qui déclenche un processus PRINCE2.
Dépendances (plan)	La relation entre les produits ou les activités. Par exemple un produit C ne peut pas démarrer avant que les produits A et B soient terminés. Les dépendances sont internes lorsque sous contrôle du Chef de Projet, externes lorsqu'il en est autrement
Description de rôle	Décrit l'ensemble des responsabilités propres à un rôle
Description de Produit	Description de l'objectif, de la composition, de l'origine et des critères qualité d'un produit.
Description de Produit du Projet	Type de Description de Produit spécifique permettant d'obtenir l'accord de l'utilisateur par rapport à la portée et aux exigences du projet et de définir les exigences qualité du client ainsi que les critères d'acceptation du projet.
diagramme de flux des produits	Schéma illustrant l'ordre de production et les interdépendances des produits répertoriés dans une structure de décomposition du produit.
Directeur Exécutif de Programme	Le Directeur Exécutif de Programme n'est pas un terme PRINCE2, mais il est utilisé dans de nombreuses organisations gouvernementales au Royaume-Uni. Le Directeur Exécutif de Programme est chargé de s'assurer qu'un projet ou un programme de changement atteint ses objectifs fixés et livre les bénéfices projetés.

Documentation d'Initialisation de Projet	Ensemble logique de documents réunissant toutes les informations clés nécessaires pour démarrer le projet sur une base solide et communiquer ces informations à toutes les parties concernées par le projet.
DSDM Atern	Infrastructure de livraison de projet agile qui a été mise au point et qui appartient au consortium DSDM.
échéance	Un événement important dans le calendrier du plan, comme l'achèvement de Lots de Travaux clés, d'une séquence technique, ou d'une séquence management.
élaboration	Activités antérieures au projet, effectuées par l'Exécutif et le Chef de Projet pour produire le Cas d'Affaire préliminaire, l'Exposé du Projet et le Plan de Séquence d'initialisation.
élément de configuration	Entité assujettie à la gestion de la configuration. L'entité peut être un composant d'un produit, un produit ou encore un ensemble de produits dans une version livrée.
enregistrement de configuration	Enregistrement qui décrit l'état, la version et la variante d'un élément de configuration et tous les détails des relations importantes entre les différents éléments de configuration.
enregistrements	Produits management dynamiques destinés à consigner les informations relatives à l'avancement du projet.
enregistrements qualité	Documentation archivée démontrant que les activités d'Assurance Qualité et de Contrôle Qualité ont bien été effectuées.
estimation du risque	Estimation de la probabilité et de l'impact d'un risque particulier, compte tenu des normes prédéterminées, des niveaux de risque cibles, des interdépendances et des autres facteurs pertinents.
équipe de projet	Terme couvrant l'ensemble de la structure de management, y compris le Comité de Pilotage de Projet, le Chef de Projet et les rôles de Chef d'équipe, d'Assurance Projet et de Support Projet.
évaluation d'exception	Revue menée par le Comité de Pilotage de Projet pour approuver (ou rejeter) un Plan d'Exception.
évaluation de fin de séquence	Revue effectuée par le Comité de Pilotage de Projet et le Chef de Projet sur le Rapport de Fin de Séquence pour statuer sur l'approbation du Plan de Séquence suivante.
évaluation de risque	Processus d'analyse de l'impact net sur une activité de l'ensemble des menaces et des opportunités identifiées.
Éviter (réponse au risque)	Une réponse au risque face à une menace de sorte que la menace ne puisse plus avoir d'impact ou soit éliminée.
exception	Situation permettant la possibilité d'une déviation au-delà des tolérances approuvées entre le Chef de Projet et le Comité de Pilotage de Projet (ou entre le Comité de Pilotage de Projet et la direction de l'entreprise ou de programme).
Exécutif	Individu assumant la responsabilité globale de s'assurer que le projet tiendra ses objectifs et produira les bénéfices attendus. L'Exécutif est le président du Comité de Pilotage de Projet, il représente les intérêts du Client et est responsable du Cas d'Affaire.

exécuteur du risque	Certaines actions peuvent échapper au contrôle explicite du surveillant du risque; il convient dans un tel cas de confier la responsabilité de l'action à une personne chargée de gérer le risque.
exigences qualité du client	Une déclaration sur la qualité attendue, spécifiée dans la Description de Produit du Projet.
exploiter (réponse au risque)	Une réponse au risque face à une opportunité, où l'opportunité est saisie pour s'assurer qu'elle se produira et que l'impact se matérialisera.
Exposé du Projet	Document qui décrit l'objectif, le coût, les délais, les exigences de performance et les contraintes d'un projet.
fournisseur	La personne ou le ou les groupes responsables de la fourniture des produits spécialistes du projet.
Fournisseur Principal	Rôle du Comité de Pilotage de Projet justifiant du savoir-faire et de l'expérience nécessaires par rapport aux principales disciplines de production des livrables du projet. Représente les intérêts des fournisseurs et met à disposition leurs ressources.
gestion de la configuration	Les activités techniques et administratives afférentes à la création, à la maintenance et au changement contrôlé de la configuration pendant toute la durée de vie d'un produit.
gestion des risques	Application systématique des principes, approches et processus en termes d'identification et d'évaluation des risques ainsi que de planification et de mise en oeuvre des réponses au risque.
gouvernance (entreprise)	L'activité continue consistant à maintenir un système robuste de contrôle interne, selon lequel les directeurs et les cadres d'une organisation s'assurent que des systèmes de management efficaces, y compris des systèmes de surveillance et de contrôle financiers, ont été mis en place pour protéger les biens, acquérir la capacité et établir la réputation de l'organisation.
gouvernance (projet)	Aspects de la gouvernance d'entreprise qui sont spécifiquement liés aux activités de projet.
hypothèse	Une affirmation considérée comme vraie pour les besoins de planification d'un projet, mais qui pourrait changer par la suite.
horizon de planification	La période de temps pendant laquelle il est possible de planifier avec précision.
hors-spécification	Une hors-spécification est un type d'incidence. Elément qui devrait être fourni par le projet mais qui ne l'est pas encore (ou lorsqu'il est prévu qu'il ne le sera pas), et que le Chef de Projet n'est pas en mesure de résoudre sans dépasser les tolérances convenues.
impact (de risque)	Le résultat d'une menace particulière ou d'une opportunité qui se matérialise.
incidence	Désigne tout événement qui se produit pendant le projet et qui, s'il n'était pas résolu, entraînerait un changement à un produit, un plan ou un objectif référencé (délai, coût, qualité, périmètre, risque ou bénéfices).
incorporation (PRINCE2)	Ce que l'organisation doit faire pour adopter PRINCE2 en tant que méthode de management des projets pour l'entreprise.

inspection de la qualité	Evaluation structurée et systématique d'un produit, exécutée de manière planifiée, documentée et organisée par deux personnes ou plus triées sur le volet (l'équipe de revue).
journal de Projet	Utilisé pour enregistrer les problèmes/soucis qui peuvent être traitées de façon informelle par le Chef de Projet.
Journal des Retours d'Expérience	Recueil de projet informel pour les leçons tirées et susceptibles de s'appliquer à ce projet ou à des projets futurs.
journaux	Recueils informels gérés par le Chef de Projet et ne nécessitant pas d'accord du Comité de Pilotage de Projet quant à leur format et leur composition.
Ligne de tolérance de risque	Ligne tracée sur le résumé du profil des risques. Les risques qui apparaissent au dessus de cette ligne ne peuvent être acceptés sans en référer à un niveau d'autorité supérieur.
Liste de contrôle des produits	Liste des principaux produits d'un plan, accompagnée des dates clés de leur livraison.
livrable	Voir "livrable".
livrable	Produit spécialiste remis à l'utilisateur (ou aux utilisateurs). Les produits de management ne sont pas des livrables.
Lot de Travaux	Ensemble des informations utiles à la création d'un ou plusieurs produits.
maîtrise des changements	Procédure garantissant que tous les changements susceptibles d'affecter les objectifs convenus du projet sont identifiés, évalués et ensuite approuvés, refusés ou reportés.
management de la qualité	Ensemble d'activités coordonnées visant à diriger et à contrôler une organisation en termes de qualité.
management de projet	Planification, délégation, suivi et contrôle de tous les aspects du projet ainsi que de la motivation des parties impliquées en vue de mener à bien les objectifs du projet conformément aux exigences de performances en matière de délais, de coût, de qualité, de périmètre, de bénéfices et de risques.
mandat de projet	Produit externe généré par l'autorité ayant commandité le projet et qui permet de déclencher le processus Elaborer le Projet.
méthodes agiles	Les méthodes agiles sont (principalement) des méthodes de développement de logiciels qui suivent une approche de projet reposant sur des itérations courtes et de durée fixe (« Time-Box »), où les produits sont développés de manière incrémentale.
méthodes en cascade	La méthode en cascade décrit une approche linéaire et séquentielle du développement et comporte des objectifs distinctifs pour chaque phase de développement. Une fois achevée une phase de développement n'est plus réexaminée.
Normes de l'entreprise ou du programme	Il s'agit de normes très importantes à conditionner par le projet.. Elles influencent les quatre stratégies du projet (Stratégie de Communication, de Configuration, Stratégie Qualité et Stratégie des Risques) ainsi que les contrôles du projet

notification d'autorisation de projet	Avis du Comité de Pilotage de Projet informant toutes les parties prenantes et les sites du projet que le projet a été autorisé, et demandant la mise en place d'un soutien logistique suffisant (moyens de communication, équipement, support projet, etc.) pour toute la durée du projet.
notification de clôture	Avis du Comité de Pilotage de Projet informant toutes les parties prenantes et les sites du projet que les ressources du projet peuvent être libérées et que les services tels que les locaux, les équipements et l'accès peuvent être démobilisés.
notification d'initialisation de projet	Avis du Comité de Pilotage de Projet informant toutes les parties prenantes et les sites du projet que le projet a été initialisé, et demandant la mise en place d'un soutien logistique suffisant (moyens de communication, équipement, support projet, etc.) pour toute la séquence d'initialisation.
objectif de performance	Les objectifs du plan en matière de délais, de coût, de qualité, de périmètre, de bénéfices et de risque.
partager (réponse au risque)	Réponse à un risque ou une opportunité sur le principe « peine/gain » : les parties se partagent le gain (dans des limites prédéfinies) si le coût est inférieur au coût planifié et toutes les deux se partagent « la peine » (dans des limites prédéfinies) si le coût du plan est dépassé.
partie prenante	Toute personne, groupe ou organisation qui peut affecter, être affecté ou avoir le sentiment d'être affecté par une initiative (programme, projet, activité, risque).
périmètre	Le périmètre d'un plan est la somme totale de ses produits et l'étendue de leurs exigences.
plan	Proposition détaillant ce qui doit être réalisé ou atteint, quand, comment et par qui.
plan d'équipe	Niveau de plan facultatif servant de base au contrôle de la gestion d'équipe lors de l'exécution des Lots de Travaux.
Plan d'Exception	Ce plan est souvent préparé à la suite d'un Rapport d'Exception.
Plan de Projet	Plan de haut niveau traitant des principaux produits du projet, de leurs dates de livraison et de leurs coûts.
Plan de Revue des Bénéfices	Définit comment et quand une mesure de la réalisation des bénéfices du projet peut être réalisée.
plan de Séquence	Plan détaillé formant la base du contrôle de management de projet tout au long de la Séquence.
planification basée sur le produit	Technique permettant d'établir un plan exhaustif, basé sur la création et la livraison des livrables necessaires
point d'avancement	Un point sur l'avancement au niveau équipe, réalisé à des échéances déterminées.
portefeuille	Tous les programmes et projets indépendants actuellement réalisés par une organisation, un groupe ou une unité d'organisation.
pré-requis (plan)	Tous les aspects fondamentaux qui doivent être en place et rester en place pour que le plan puisse réussir.

PRINCE2	Méthode prenant en charge certains aspects spécifiques du management de projet. PRINCE2 pour Projects IN a Controlled Environnement
principes PRINCE2	Les lignes directrices à observer pour respecter les bonnes pratiques de management de projet formant la base de la gestion avec PRINCE2.
probabilité	La vraisemblance évaluée de la matérialisation d'une menace ou d'une opportunité particulière, avec un examen de la fréquence selon laquelle ceci pourrait se produire.
problème/souci	Un type d'incidence (autre qu'une requête de changement ou une hors-spécification) que le Chef de Projet doit résoudre ou référer à un niveau de management supérieur.
procédure	Série spécifique d'actions relatives à un aspect particulier du management de projet et établie spécifiquement pour le projet, par exemple une procédure de gestion des risques.
Processus	Ensemble d'activités structuré, conçu pour mener à bien un objectif défini. Un processus utilise des données d'entrée définies et les transforme en données de sortie définies.
producteur	La personne ou le groupe responsable du développement d'un produit.
Produit	Un produit, tangible ou intangible, qui peut être décrit à l'avance, créé et testé.
produit de projet	Produit devant être livré par le projet en vue d'obtenir son acceptation.
produit management	Ces produits seront requis dans le cadre du management du projet, et pour établir et maintenir la qualité.
produit management référencé	Un type de produit management qui définit des aspects du projet et qui, une fois approuvé, est sujet aux procédures de maîtrise des changements.
produit spécialiste	Produit dont le développement est au coeur même du plan.
profil des risques	Décrit les types de risques auxquels une organisation est confrontée ainsi que son niveau d'exposition face à ces risques.
programme	Structure organisationnelle temporaire souple, créée pour coordonner, diriger et superviser la mise en oeuvre d'un ensemble de projets et d'activités connexes en vue de délivrer les résultats et bénéfices liés aux objectifs stratégiques de l'organisation.
projet	Une organisation temporaire, créée en vue de livrer un ou plusieurs produits du projet conformément à un Cas d'Affaire convenu.
projet PRINCE2	Projet géré conformément aux principes PRINCE2.
proximité (du risque)	Le facteur temps du risque : la probabilité d'occurrence des risques sera plus forte à un moment particulier, et la gravité de leur impact évoluera dans le temps.

Terme	Définition
qualité	Ensemble des fonctionnalités et caractéristiques inhérentes ou attribuées d'un produit, d'une personne, d'un processus, d'un service et/ou d'un système lui permettant de montrer qu'il remplit aux attentes ou qu'il satisfait aux besoins, exigences ou spécifications explicites.
rapports	Produits management conçus pour fournir un instantané de l'état de certains aspects du projet.
Rapport d'Avancement	Rapport des progrès réalisés reprenant les informations rassemblées lors d'un point d'avancement et remis par l'équipe au Chef de Projet. Ce rapport fournit les informations à communiquer telles qu'elles sont spécifiées dans le Lot de Travaux.
rapport d'état du produit	Rapport d'état du produit. Les produits requis peuvent être spécifiés par un identifiant ou par la partie du projet durant laquelle ils ont été développés.
Rapport d'Exception	Une description de la situation de l'Exception, de son impact, des options possibles, de la recommandation et de l'impact de la recommandation.
Rapport de Fin de Projet	Rapport remis par le Chef de Projet au Comité de Pilotage de Projet, qui confirme la remise de tous les produits à livrer et fournit une mise à jour du Cas d'Affaire et une évaluation du déroulement du projet par rapport à la Documentation d'Initialisation de Projet.
Rapport de Fin de Séquence	Rapport remis au Comité de Pilotage de Projet par le Chef de Projet à la fin de chaque séquence management du projet.
Rapport des Incidences	Rapport contenant la description, l'évaluation d'impact et les recommandations relatives à une requête de changement, une hors-spécification ou un problème/souci.
Rapport de Progression	Rapport sur la progression des séquences soumis par le Chef de Projet au Comité de Pilotage de Projet selon des échéances prédéfinies.
Rapport des Retours d'Expérience	Un rapport qui documente toutes les leçons qui peuvent être avantageusement appliquées à d'autres projets.
rechange (réponse au risque)	Une réponse au risque face à une menace, où un plan de rechange est mis en place pour les actions qui seront prises en vue de réduire l'impact de la menace en cas de matérialisation du risque.
recommandation de clôture	Recommandation préparée par le Chef de Projet à l'intention du Comité de Pilotage de Projet pour être envoyée sous forme de notification de clôture quand le comité est satisfait que le projet peut être clôturé.
recommandations d'actions de suivi	Actions recommandées pour un travail non terminé, des incidences et des risques en suspens ou toute autre activité nécessaire pour faire progresser un produit dans la prochaine phase de sa durée de vie.
réduire (réponse au risque)	Une réponse au risque articulée autour d'actions proactives visant à : Réduire la probabilité d'occurrence de l'événement par le biais d'une certaine forme de contrôl. Réduire l'impact de l'événement au cas où il se produirait.

référentiel	Niveaux de référence par rapport auxquels une entité est surveillée et contrôlée.
registres	Recueils formels gérés par le Chef de Projet et qui nécessitent l'accord du Comité de Pilotage de Projet quant à leur format, leur composition et leur utilisation.
Registre des Incidences	Utilisé pour collecter et maintenir les informations sur toutes les incidences gérées de façon formelle.
Registre des Risques	Enregistrement des risques identifiés pour une initiative, y compris leur état et leur historique.
Registre Qualité	Contient le résumé détaillé de toutes les activités de qualité planifiées et achevées.
rejeter (réponse au risque)	Une réponse au risque (opportunité), où la décision est sciemment et délibérément prise de ne pas exploiter ou améliorer l'opportunité, après avoir déterminé qu'il est plus économique de procéder ainsi que de tenter une action de réponse au risque. Il est nécessaire de continuer à surveiller l'opportunité.
remise	Le transfert de la prise en charge d'un ensemble de produits à l'utilisateur ou aux utilisateurs respectifs.
requête de changement	Proposition de changement d'un produit référencé. Il s'agit d'un type d'incidence.
réponse au risque	Actions susceptibles d'être menées afin de ramener la situation à un niveau d'exposition au risque acceptable pour l'organisation. Divisé en plusieurs catégories de réponse au risque
résultat	Les conséquences d'un changement, qui normalement ont un effet sur le comportement et/ou les circonstances du monde réel.
revue qualité	Voir "inspection de la qualité".
risque	Un événement ou un ensemble d'événements incertains, qui, s'il se produisait, affecterait la réalisation des objectifs.
risque inhérent	L'exposition résultant d'un risque spécifique avant qu'une action puisse être prise pour le maîtriser.
risque résiduel	Le risque qui subsiste une fois la réponse au risque appliquée.
séquence	Voir "séquence management" ou "séquence technique".
séquence d'initialisation	La période entre le moment où le Comité de Pilotage de Projet autorise l'initialisation et le moment où il autorise le projet (ou décide de ne pas donner suite au projet).
séquence management	Une séquence management est une section du projet que le Chef de Projet gère au nom du Comité de Pilotage de Projet. A la fin d'une séquence management, le Comité de Pilotage de Projet examine les progrès réalisés jusqu'à présent, l'état du Plan de Projet, du Cas d'Affaire et des risques ainsi que le Plan de Séquence suivante afin de décider ou non de la poursuite du projet.
séquence technique	Méthode de regroupement des travaux en fonction des techniques utilisées ou des produits créés.
site	Un site sur lequel les travaux du projet sont réalisés (un bureau, un site de construction ...)

sponsor	La force principale derrière un programme ou un projet. PRINCE2 ne préconise pas de rôle pour le sponsor, mais celui-ci est généralement l'Exécutif au sein du Comité de Pilotage de Projet ou la personne qui a nommé l'Exécutif.
stratégie	Approche ou ligne de conduite, conçue pour faciliter la réalisation d'un objectif à long terme. Les stratégies peuvent exister au niveau du programme d'entreprise et au niveau du projet
Stratégie de Communication	Description des moyens et de la fréquence des communications entre le projet et les parties prenantes du projet.
Stratégie de Configuration	Description des modalités et des responsabilités en matière de contrôle et de protection des produits du projet.
Stratégie des Risques	Décrit les objectifs de la gestion des risques ainsi que la procédure adoptée, les rôles et responsabilités, les tolérances de risque, le timing des interventions de gestion des risques, les outils et techniques qui seront utilisés et les exigences de communication.
Stratégie Qualité	Définit les techniques et normes de qualité devant être appliquées ainsi que les diverses responsabilités en matière de réalisation des niveaux de qualité requis tout au long du projet.
structure de décomposition du produit	Hiérarchie de tous les produits devant être générés pendant la durée d'un plan.
structure de l'équipe de projet	Organigramme représentant les différentes personnes affectées aux rôles de l'équipe de projet ainsi que leurs relations en matière de délégation et de dépendance hiérarchique.
Support Projet	Rôle administratif de conseil et d'assistance au sein de l'équipe de projet.
surveillant du risque	Personne chargée de la gestion, du suivi et du contrôle de tous les aspects d'un risque particulier qui lui a été confié, y compris la mise en oeuvre des réponses retenues pour faire face aux menaces ou maximiser les opportunités.
système de gestion de la configuration	L'ensemble des processus, outils et bases de données utilisés pour gérer les données de configuration.
système de management de la qualité	L'ensemble complet des normes, procédures et responsabilités d'un **site** ou d'une **organisation** en matière de qualité.
technique de revue qualité	Technique d'inspection de la qualité dont la structure et les rôles ont été spécifiquement définis.
thème	Aspect du management de projet qui doit être continuellement abordé et qui nécessite une approche spécifique pour permettre aux processus PRINCE2 d'être efficaces.
tolérance	Déviation admissible au-delà et en deçà des estimations de délai et de coût du plan sans devoir en référer au niveau de management supérieur. Il peut également y avoir des tolérances de qualité, de périmètre, de bénéfices et de risque.
tolérance des bénéfices	Pour le bénéfice attendu, la déviation admissible autorisée avant de devoir escalader cette déviation au niveau de management supérieur.

tolérance de coûts	Dans le coût d'un plan, la déviation admissible autorisée avant de devoir escalader la déviation au niveau de management supérieur.
tolérance de délai	Déviation admissible autorisée par rapport au calendrier du plan avant qu'il ne faille en référer au niveau de management supérieur. La tolérance de délai est documentée dans le plan respectif. Voir "tolérance".
tolérance de périmètre	Déviation admissible autorisée par rapport au périmètre du plan avant qu'il ne faille en référer au niveau de management supérieur.
tolérance qualité	Les tolérances qualité d'un produit doivent être identifiées pour chaque critère qualité en définissant une plage de valeurs acceptable.
tolérance de risque	Les seuils d'exposition au risque, qui, lorsqu'ils sont franchis, déclenchent un Rapport d'Exception destiné à attirer l'attention du Comité de Pilotage de Projet sur la situation.
tranche	Un terme de gestion de programme décrivant un groupe de projets structurés autour d'étapes distinctes de changement en capacité et livraison de bénéfices.
transférer (réponse au risque)	Réponse à une menace dans laquelle une tierce partie assume la responsabilité d'une partie de l'impact financier de la menace (p. ex. par le biais d'une assurance ou de clauses appropriées dans un contrat).
utilisateur(s)	Personne ou groupe qui utilisera un ou plusieurs produits du projet.
Utilisateur Principal	Membre du Comité de Pilotage de Projet chargé de s'assurer que les besoins de l'utilisateur sont correctement spécifiés et que la solution répond à ces besoins.
variante	Méthode permettant de distinguer les versions dérivées de produits référencés. Par exemple, un mode d'emploi pourra avoir une variante en anglais et une variante en espagnol.
vérificateur	Personne ou groupe indépendant du producteur et chargé d'évaluer si un produit satisfait ou non aux exigences telles qu'elles sont définies dans la Description de Produit.
version	Référentiel spécifique d'un produit.
version livrée	Ensemble des produits d'une remise. Le contenu de la version livrée est géré, testé et déployé sous forme d'entité unique. Voir "remise".

Annexe E
Gouvernance

La gouvernance de management de projet porte sur les domaines liés aux activités du projet. Une gouvernance de management de projet efficace s'assure que la direction de l'entreprise et les autres parties prenantes sont bien informées et que le portefeuille de projets est bien aligné sur les objectifs de l'organisation, qu'il sera livré de manière efficace et qu'il est pérenne. La table E.1 montre quand PRINCE2 applique les principes de gouvernance de l'APM.

Principes de Gouvernance pour la gestion de projet	Ce principe de gouvernance est-il appliqué par PRINCE2?
La Direction Générale est responsable de la gouvernance du management de projet	La Direction Générale de l'entreprise n'est pas traitée par PRINCE2
Les rôles, responsabilités et critères de performance pour la gouvernance du management de projet sont clairement définis.	Les descriptions de rôles dans le cadre de PRINCE2 sont précises sur le sujet, néanmoins le management de l'entreprise n'est pas inclus, ou alors partiellement.
Des dispositions de gouvernance rigoureuses sont appliquées tout au long du cycle de vie du projet	Complètement appliqué
La relation est démontrée entre la stratégie globale de l'entreprise et le portefeuille de projet.	Partiellement à travers le *Cas d'Affaire*. PRINCE2 ne traite pas en totalité le portefeuille de projet
Les projets ont un plan approuvé contenant points décision, révisions du *Cas d'Affaire* et approbations. Les décisions prises sont enregistrées et communiquées.	Complètement appliqué
Les membres des organisations participantes autorisées disposent d'une représentation suffisante, de la compétence, l'autorité et les ressources pour pouvoir prendre les bonnes décisions.	Partiellement appliqué parce que PRINCE2 a une structure de délégation efficace mais ne décrit pas les compétences du personnel impliqué dans le projet.

Principes de Gouvernance pour la gestion de projet	Ce principe de gouvernance est-il appliqué par PRINCE2?
Le *Cas d'Affaire* est supporté par une information adéquate constituant une base pour prendre les décisions d'autorisation.	Complètement appliqué
La direction décide quand un examen minutieux indépendant est exigé puis le met en œuvre en conséquence.	Partiellement appliqué parce que PRINCE2 préconise un examen minutieux indépendant de l'entreprise ou du programme dans le cadre de l'Assurance Projet
Les critères pour rapporter l'état du projet et soumettre des incidences et des risques aux niveaux hiérarchiques concernés sont clairement définis.	Complètement appliqué
L'organisation favorise une culture d'amélioration et une transparence (interne) pour l'information sur le projet.	Partiellement appliqué par le management par exception et les responsabilités en matière d'assurance
Les parties prenantes sont engagées au niveau qui correspond à leur importance	Complètement appliqué

Table E.1 Principes de gouvernance de l'APM et ceux de PRINCE2 (Source: Conduire le changement : Un Guide de Gouvernance pour la Gestion de Projet, APM Governance SIG. © Association for Project Management, 2004. Reproduction autorisée)

Annexe F
Organismes

Bureaux APMG à l'International

APMG-UK – www.apmg.co.uk
APMG-Benelux – www.apmg-benelux.com
APMG-China – www.apmg-china.com
APMG France – www.apmg-international.com/APMG-France
APMG-Deutschland – www.apmg-deutschland.com
APMG-Scandinavia – www.apmg-scandinavia.com
APMG-US – www.apmg-us.com
APMG-Australasia – www.apmg-australasia.com

Best Practice User Group UK – www.usergroup.org.uk
PRINCE User Group Netherlands – www.pugnl.nl
PRINCE User Group Germany – www.prince2-deutschland.de
Groupe d'Utilisateurs PRINCE2 – www.guprince2.fr

Autres organismes de gestion de projet

IPMA – www.ipma.ch
APM – www.apm.org.uk
PMI – www.pmi.org

Annexe G
Références

1. *Managing Succesful Projects with PRINCE2™*, © Crown copyright 2009, TSO
   Réussir le Management de Projet avec PRINCE2™, © Crown copyright 2009, TSO
2. *Directing Succesful Projects with PRINCE2™*, © Crown copyright 2009, TSO

www.ingramcontent.com/pod-product-compliance
Lightning Source LLC
Chambersburg PA
CBHW051743230426
43670CB00012B/2141